IRAN:
LA RÉVOLUTION
DÉMOCRATIQUE

IRAN:
LA RÉVOLUTION
DÉMOCRATIQUE

International Committee in Search of Justice (ISJ

Iran : la révolution démocratique

Première publication en février 2023

International Committee In Search of Justice (ISJ)

ISBN-10 : 94-6475-226-2 (livre de poche)

ISBN-13 : 978-94-6475-226-7 (livre de poche)

ISBN-10 : 94-6475-227-0 (livre électronique)

ISBN-13 : 978-94-6475-227-4 (eBook)

Imprimé par International Committee in Search of Justice (ISJ)

https://www.isjcommittee.com/

Ce livre est dédié à celles et ceux qui se sont sacrifiés pour un avenir libre et démocratique pour le peuple iranien, en particulier pour les femmes en Iran.

REMERCIEMENTS

Le monde sera meilleur lorsque l'Iran sera libre et que son peuple vivra dans une république démocratique en paix avec ses voisins et le monde. Le peuple iranien nous a montré que le chemin vers cet idéal passe nécessairement par l'abolition par le peuple du régime néfaste actuel, et le moins que nous puissions faire est de le soutenir et de supprimer les obstacles que la politique de complaisance de l'Occident a créés à cet égard au cours des dernières décennies.

Ma première reconnaissance va aux femmes et aux jeunes Iraniens qui se sont levés si courageusement pour se débarrasser des chaînes du fascisme religieux au pouvoir dans leur pays. Ils ont beaucoup sacrifié et inspiré le monde.

Je voudrais également saluer le rôle inspirant de Mme Maryam Radjavi, du CNRI et de l'OMPI pour leurs efforts inlassables et leurs énormes sacrifices dans l'organisation de la résistance contre ce régime à l'intérieur et à l'extérieur de l'Iran, et pour la création d'une vision et d'un plan démocratiques pour l'avenir de l'Iran.

Comme l'a déclaré le sénateur Joseph Lieberman le 8 décembre 2022, « les lumières que le CNRI, l'OMPI et les organisations des communautés irano-américaines allument depuis des décennies sont désormais tenues bien haut. Elles ont été propagées par des millions d'Iraniens. Ce qui est vrai, c'est que le flambeau que le CNRI a porté pendant des années et qui allume maintenant des bougies dans tout le pays, n'a pas du tout diminué. Le flambeau du CNRI et de l'OMPI se renforce, à mon avis, chaque jour qui passe. L'organisation nous donne confiance dans le fait que le régime actuel sera renversé et, plus important encore, qu'à cette étape, il y aura des dirigeants prêts à guider en douceur l'Iran vers son avenir libre et démocratique.

Enfin, je tiens à remercier les auteurs de cette anthologie pour leur interprétation et leur analyse perspicaces des différents aspects de ce changement radical en Iran. Sans leurs efforts inlassables et leur compréhension perspicace des événements actuels en Iran, ce livre n'aurait pas existé.

Alejo Vidal Quadras

Président

International Committee in Search of Justice (ISJ)

Barcelone, décembre 2022

SOMMAIRE

AVANT-PROPOS

Les droits des femmes sont des droits humains. C'est un principe clair reconnu par les Nations Unies. Le progrès des droits des femmes dans un pays est le point de référence du respect des droits humains dans tous les pays. C'est encore plus vrai pour l'Iran. Dans aucun autre pays, les femmes n'ont été aussi systématiquement et largement discriminées et opprimées, que ce soit en droit ou en pratique, pendant si longtemps. Dans aucun pays, les femmes n'ont été engagées dans une lutte politique comme l'ont été les Iraniennes. Dans aucun autre pays depuis le début du XXe siècle, autant de prisonnières politiques n'ont été exécutées. En effet, la dictature religieuse en Iran a arrêté des dizaines de milliers de femmes, leur infligeant les formes de torture les plus effroyables et les exécutant par milliers. Mahsa Amini a été assassinée pour ne pas avoir porté le voile « correctement ».

C'est ce fond de misogynie qui explique le courage et le leadership des femmes dans le soulèvement actuel contre le régime.

Les jeunes filles s'opposent aux forces répressives avec un courage inégalé et crient « à bas le dictateur ». Au début, on pensait que les Iraniennes s'opposaient simplement au port obligatoire du voile. Le régime a tenté de promouvoir cette ligne pour masquer la profondeur des revendications du mouvement. Cependant, l'histoire de l'Iran montre que les femmes ont été à l'avant-garde de la lutte pour la démocratie dans leur pays. Mes propres conversations avec des Iraniennes depuis de nombreuses années le confirment.

Bien sûr, il ne fait aucun doute que les manifestants s'opposent au port obligatoire du hijab. Le droit de choisir librement sa tenue vestimentaire est l'une des revendications fondamentales des femmes en Iran mais, comme tous leurs autres droits fondamentaux, il ne peut être obtenu que dans une société démocratique et non sous une théocratie fondamentaliste. Nous avons vu des Iraniennes avec et sans hijab se mobiliser pour défendre les droits humains en Iran. Elles sont toutes pour la liberté.

Les espoirs et les rêves de ces femmes sont bien plus profonds que la question du hijab, comme le montre l'ampleur de la résistance. Elles demandent l'égalité complète entre les sexes et un gouvernement démocratique en Iran. Elles savent que ce rêve ne peut être réalisé qu'en renversant le régime et en séparant la religion de l'État. L'un des slogans actuels scandés par les femmes et les hommes dans les rues de Téhéran est très parlant : « avec ou sans hijab, nous marchons vers la révolution ».

Il y a une figure emblématique qui représente la lutte des Iraniennes contre les mollahs au pouvoir en Iran et que j'ai appris à connaître au fil des ans. Maryam Radjavi est la présidente élue du Conseil national de la Résistance iranienne (CNRI). En tant que femme musulmane, Mme Radjavi pratique l'égalité des sexes dans tous les aspects, y compris le leadership politique. Il y a des années, elle m'a dit que les femmes sont la force du changement en Iran et qu'elles porteront un coup fatal aux mollahs, qui les sous-estiment. Mme Radjavi est une ardente défenseure des femmes qui choisissent de ne pas porter de hijab, ainsi que de celles qui le portent. Sa devise a toujours été : « non au hijab obligatoire, non à la religion obligatoire, non à tout gouvernement obligatoire ».

La politique iranienne est très complexe. Il y a quarante-trois ans, le peuple iranien a renversé la dictature du chah pour instaurer la liberté et la démocratie. Mais les fondamentalistes religieux, dirigés par Khomeiny, ont détourné cette révolution populaire et imposé à la hâte une autre dictature, cette fois-ci de nature religieuse.

A présent, le slogan est : « à bas l'oppresseur, qu'il soit chah ou mollah ». La référence apparemment étrange au chah s'explique par l'alliance historique entre la monarchie et le clergé. Lors du coup d'État de 1953 contre le Premier ministre Mohammad Mossadegh, un réformiste libéral qui ouvrait la voie à la démocratie pour les Iraniens, l'ayatollah Kashani, alors chef religieux, avait formé une alliance avec le chah pour faire tomber Mossadegh, l'accusant d'être un "communiste". L'alliance entre le chah et les mollahs a mis tristement fin à un printemps iranien qui était sur le point d'éclore il y a des décennies. Aujourd'hui, les mollahs sont au pouvoir. Mais les monarchistes, malgré toute leur inimitié contre ce régime, préfèrent la tyrannie religieuse à une république libre et démocratique que le peuple iranien réclame dans la rue.

Au cours des années où je me suis familiarisée avec la Résistance iranienne, j'ai été confrontée à diverses accusations contre la principale opposition, les Moudjahidin-e Khalq (MEK ou Moudjahidine du peuple d'Iran, OMPI). Il m'a fallu un certain temps pour réaliser que le régime iranien menait une campagne massive de désinformation contre cette organisation, ciblant spécifiquement Maryam Radjavi, la présidente élue du CNRI. Parmi les détracteurs figurent des journalistes soi-disant indépendants et des militants autoproclamés des droits humains. Deux choses m'ont rendu les mensonges clairs. D'abord, j'ai lu et étudié le plus possible sur la Résistance iranienne et sur les dénonciations à son encontre. J'ai mis quelque temps à réaliser que j'étais confrontée à une campagne de désinformation sophistiquée, où de véritables éléments, tels que la présence de l'organisation en Irak au cours des deux dernières années de la guerre Iran-Irak, étaient déformés. Enfin, j'ai conclu que l'origine de ces accusations pouvait toujours être attribuée directement au régime iranien. Deuxièmement, après avoir fait la connaissance de Maryam Radjavi et eu de nombreux entretiens avec des membres et partisans de la Résistance iranienne, il m'est apparu clairement qu'il n'y avait aucune raison de les qualifier de terroristes. Compte tenu de mon parcours, j'ai développé une expertise dans l'identification de tels acteurs.

Il ne faisait aucun doute pour moi que ces femmes et ces hommes iraniens étaient de vrais démocrates ayant dépassé l'appel du devoir pour libérer leur pays. Comme pour me donner raison, j'ai été prise pour cible, entre autres personnalités publiques, par des terroristes en juin 2018 lors d'un rassemblement pour un Iran libre à Villepinte près de Paris. La justice belge a condamné ces terroristes à 20 ans de prison. Il s'agissait de diplomates et d'espions iraniens recrutés par le régime des mollahs.

Ce qui se passe en Iran aujourd'hui est sans aucun doute une révolution. Après quatre mois de répression sanglante, le meurtre de centaines de personnes, l'emprisonnement et la torture de dizaines de milliers de détenus, le régime n'a pas été en mesure de faire taire le soulèvement populaire. Le fait indéniable est qu'il n'y aura pas de retour au statu quo d'avant le meurtre de Mahsa Amini qui a déclenché ces protestations.

Le soulèvement national du peuple iranien aujourd'hui n'est pas apparu du jour au lendemain. Ses racines remontent à 43 ans de résistance. De même, le rôle prépondérant des femmes n'est pas un phénomène passager. Il est né de la longue lutte des femmes iraniennes contre le régime misogyne des mollahs.

À mon avis, le sénateur Lieberman avait raison dans ses déclarations lors de la conférence intitulée « Le soulèvement du peuple iranien pour une république laïque et non nucléaire » au Sénat américain le 8 décembre 2022 : « permettez-moi de dire d'abord, alors que nous réfléchissons à ce qui devrait arriver maintenant, que nous avons la responsabilité historique et morale de regarder en arrière et de rendre hommage à tous ceux qui ont gardé vivant cet espoir d'un Iran libre pendant des décennies. Ce sont de courageux patriotes iraniens tant à l'intérieur qu'à l'extérieur du pays, et je dirai à cet égard qu'aucune organisation n'a fait davantage pour allumer des bougies d'espoir et de liberté dans certains des jours les plus sombres de la répression et des meurtres de masse en Iran que le Conseil national de La Résistance iranienne, dirigé par Mme Maryam Radjavi. Et vraiment l'histoire doit en tenir compte. Mais nous pouvons le faire en le notant et en exprimant notre appréciation.

Dans une telle situation, la communauté internationale devrait aller au-delà des déclarations de condamnation du régime en exprimant sa sympathie au peuple iranien. Elle devrait prendre des mesures pratiques et concrètes. Il est temps d'utiliser le mécanisme de « snapback » pour relancer les résolutions du Conseil de sécurité des Nations unies. Il est temps de reconnaître le droit du peuple iranien à se défendre contre la cruauté des mollahs. Les ambassades du régime en Europe devraient être fermées. N'oublions pas qu'en juin 2018, l'un des « diplomates » du régime en Europe a tenté de faire exploser une bombe à la réunion annuelle du Conseil national de la Résistance iranienne à Paris, à laquelle assistaient des centaines de personnalités politiques du monde entier, en plus de près de cent mille autres participants. Le temps est venu pour une nouvelle politique iranienne en Amérique et en Europe. Une politique qui se concentre sur la fin de la culture de l'impunité pour le régime et qui commence à demander des comptes à ses dirigeants pour génocide et quatre décennies de crimes contre l'humanité. »

Ingrid Betancourt

Ancienne candidate présidentielle colombienne et sénatrice

Paris, France, décembre 2022

PRÉFACE

L'Iran a traversé des révolutions successives depuis la révolution constitutionnelle du début des années 1900 qui a abouti à son premier parlement élu et a limité le pouvoir absolu de la monarchie. Cependant, l'ingérence étrangère et les coups d'État successifs ont privé les Iraniens de la possibilité d'établir un héritage démocratique : le gouvernement démocratique de Mohammad Mossadegh dans les années 1950 a été de courte durée.

Le renversement du Premier ministre nationaliste Mossadegh par un coup d'État orchestré par la CIA et le MI6 en 1953 a laissé l'Iran entre les mains d'un dictateur honni, qui dans ses dernières années est devenu mégalomane, tyrannique et qui a réprimé les forces démocratiques par la torture et l'exécution[1]. La violence déchainée par le régime du chah contre la société iranienne a été le moindre des dégâts qu'il a causés. Le vide politique qu'il a créé pour Rouhollah Khomeiny est devenu son héritage durable.

Le régime de Khomeiny, dont sont issus Ali Khamenei et ses acolytes, est la dernière réincarnation de l'autoritarisme et de la tyrannie en Iran. Le régime a surfé sur une vague de victimisation « anti-impérialiste », a soumis la société iranienne avec des guerres et des crises à l'étranger, et a tenu à distance une communauté occidentale culpabilisée par des revendications ethnoreligieuses de théories alternatives des droits humains « islamiques », de la démocratie « islamique » et de la justice «islamique».

La nouvelle révolution iranienne qui se déroule sous nos yeux, poursuivant les objectifs de liberté et de démocratie de la révolution de 1979, réfute ces allégations, démolit les mensonges du régime et

---

[1] Cochran, Alexander, Ridgeway, James and Albert, Jan. 1977. "Beautiful Butchers: The Shah Serves Up Caviar and Torture - The Village Voice." Village Voice. November 14, 1977. https://www.villagevoice.com/2022/11/15/beautiful-butchers-the-shah-serves-up-caviar-and-torture/.

revendique le droit inaliénable et universel de la société iranienne aux libertés individuelles et civiles, à une république démocratique et à l'état de droit.

Rédigée par des analystes experts ayant une connaissance approfondie du paysage politique complexe de l'Iran, cette anthologie traite du récent soulèvement déclenché par le meurtre, le 16 septembre 2022, d'une Iranienne innocente, Mahsa Amini, âgée de 23 ans. Alors que les soulèvements secouaient l'Iran avec une fréquence croissante et une force cataclysmique, observateurs et sociologues se sont mis à avertir que le régime serait confronté à la fureur de la société lors du prochain bouleversement social.

Le soulèvement n'était donc pas inattendu et ne pouvait être compris dans le contexte limité, aussi tragique soit-il, d'un seul meurtre injuste et extrajudiciaire. L'assassinat criminel de Mahsa Amini n'était pas une injustice ponctuelle, mais plutôt le sous-produit d'un système de gouvernement illégitime que le peuple a montré ne plus vouloir tolérer. Il ne s'agit pas seulement de manifestations à thème unique, mais d'un mouvement large et géographiquement étendu pour détrôner Ali Khamenei et sa dictature cléricale. Le soulèvement est finalement le produit de décennies de frustration et de colère refoulées contre un régime qui est une autre incarnation des systèmes autoritaires du passé. Il est également enraciné dans plus de quatre décennies de résistance et de sacrifices incessants, qui incluent des dizaines de milliers de martyrs et bien d'autres qui ont subi des années d'emprisonnement et les tortures les plus dures.

Dans cette anthologie, les auteurs fournissent un éclairage et une lisibilité aux aspects déroutants d'un mouvement complexe. Dans le premier article, le Dr Behrouz Pouyan, professeur assistant à l'université et analyste politique à Téhéran, écrit sous un pseudonyme pour des raisons de sécurité et guide le lecteur à travers le soulèvement actuel et ses particularités.

L'ambassadeur américain J. Kenneth Blackwell, auteur et chercheur principal pour les droits humains et la gouvernance constitutionnelle au Family Research Council à Washington, est professeur invité à la Liberty University School of Law de Virginie. Il dissèque et met à nu la répression du régime pendant les manifestations en cours.

Le professeur Ivan Sascha Sheehan, du Département des affaires publiques et internationales de l'université de Baltimore aux Etats-Unis, discute de l'unité entre les forces de l'opposition, en évoquant celles qui ont renversé le chah en 1979, et se penche sur les bases de l'union et sa signification.

Alejo Vidal-Quadras, ancien premier vice-président du Parlement européen et président de l'International Committee in Search of Justice, présente l'alternative politique au régime des mollahs qui s'effondre en Iran.

Struan Stevenson, ancien eurodéputé et coordonnateur de la Campagne pour le changement en Iran, expose les tactiques de coercition, terrorisme, désinformation et manipulation politique du régime, en particulier ses campagnes de diabolisation dirigées contre son ennemi juré, l'OMPI.

Robert Torricelli, ancien sénateur américain du New Jersey, discute du rôle de la communauté internationale dans la nouvelle révolution iranienne et formule des recommandations politiques.

Le soulèvement : les caractéristiques

Par le Dr Behrouz Pouyan, Téhéran, Iran

L'étincelle

Le 13 septembre 2022, Mahsa (Jina) Amini, une jeune femme de 22 ans originaire de Saqqez dans la province du Kurdistan, en visite à Téhéran avec sa famille, a été arrêtée pour être « mal-voilée » par une branche des forces de sécurité chargée de la répression des femmes, notamment en ce qui concerne leur habillement. Elle a été emmenée dans un poste de police pour obtenir d'elle un engagement à se conformer aux lois misogynes du régime. Pendant sa garde à vue, Mahsa a été sévèrement battue par des agents des forces de sécurité de l'État (FSE), avant de décéder plus tard à l'hôpital en raison de fractures du crâne.

Ce drame, qui n'est pas le premier cas de meurtres commis en toute impunité par l'État, a déclenché d'énormes vagues de manifestations contre le régime en Iran à partir du 16 septembre 2022, condamnant dans un premier temps le meurtre de Mahsa. En décembre, le soulèvement s'était propagé à au moins 300 villes dans les 31 provinces du pays, dont de multiples universités et lycées. Certains jours, des manifestations ont éclaté jusque dans 60 points à Téhéran. Durant ce soulèvement, dans son quatrième mois, plus de 700 manifestants ont été tués. Plus de 70 de ces victimes avaient moins de 18 ans, dont un garçon de 10 ans, Kian Pirfalak, dans la ville d'Izeh, dans la province du Khouzistan, et une fillette de huit ans, Mona Naqib, à Zahedan. À ce jour, 601 manifestants tués ont été identifiés par le principal parti d'opposition les Moudjahidin-e Khalq (MEK, ou Moudjahidine du peuple d'Iran, OMPI). De plus, en quatre mois de manifestations en Iran, des centaines de personnes ont été blessées et plus de 30 000 arrêtées. Certains détenus ont été condamnés à mort sous l'accusation scandaleuse de « Moharebeh » (guerre contre Dieu). Deux exécutions ont eu lieu, entraînant la mort de Mohsen Shekari à Téhéran et Majid Reza Rahnavard à Machhad les 8 et 12 décembre, respectivement.

Le soulèvement s'est formé pour protester contre l'assassinat par le régime de Mahsa Amini de manière imprévue et quelque peu spontanée. Cependant, il doit sa poursuite, son expansion et sa longévité à la présence d'une résistance organisée à travers l'Iran. Une résistance aux racines sociales et politiques profondes dans la lutte contre la répression des revendications populaires au cours des quarante dernières années par le régime des mollahs. Ainsi, le meurtre de Mahsa a-t-il été une étincelle qui a fait exploser la poudrière de la société iranienne. Cet état explosif a ses racines dans la vaste répression sociopolitique, la violation flagrante des droits humains des citoyens, la ruine économique, les prix élevés des produits de base, la pauvreté, le chômage, la faim et les catastrophes environnementales causées par la corruption et la mauvaise gestion, parmi de nombreux facteurs.

La portée étendue

Les récents soulèvements ont transcendé les clivages sociaux et économiques du pays, avec presque toutes les classes sociales unies pour appeler au renversement du régime. Pour montrer sa portée et sa profondeur, universités, lycées, marchands du bazar, travailleurs, sportifs, artistes, chanteurs, minorités ethniques, classes inférieures, moyennes et de nombreuses classes supérieures ont tous rejoint le mouvement national.

Le mouvement est révolutionnaire en ce qu'il ne cherche pas des « réformes » illusoires mais le démantèlement complet du régime. Les collégiens et lycéens, ainsi que les étudiants ont participé à ces manifestations d'une manière ou d'une autre, et la population en général a fait également avancer ce soulèvement révolutionnaire à travers des manifestations jour et nuit dans de multiples villes et villages, allumant des feux dans les rues, affrontant les forces répressives, scandant des slogans anti-régime sur les toits la nuit, klaxonnant pour soutenir les manifestants, ramenant des blessés chez eux et donnant refuge aux manifestants ou militants poursuivis par les forces de sécurité. Les étudiants ont été le fer de lance de la révolte qui a choqué le régime, apparaissant jour après jour dans les manifestations et grèves sur le campus, malgré la violence des passages à tabac, des arrestations et des agressions. Les élèves du secondaire ont également scandé des slogans anti-régime dans les rues à la sortie des classes. La grande majorité des Iraniens rejettent la dictature théocratique et soutiennent le soulèvement.

Étant donné que ce soulèvement a de profondes racines historiques et a émergé sur la base des revendications fondamentales de la population réprimées sous le régime des mollahs, dès le début de la contestation, les manifestants ont formulé contre l'ensemble du régime des slogans à caractère révolutionnaire. Les manifestants dans les quartiers de diverses villes représentent une variété de secteurs sociaux et de classes économiques. Ils sont dans la rue pour susciter des changements politiques fondamentaux et structurels, appelant spécifiquement au renversement du régime des mollahs. Travailleurs, agriculteurs, enseignants, médecins, infirmières, commerçants du bazar et autres secteurs, groupes et groupements sociaux qui dans le passé, auraient pu être décrits comme formant la base sociale des mollahs, se sont tous alignés contre le régime dans les circonstances révolutionnaires actuelles.

Les étudiants et la nouvelle génération iranienne, les femmes en tête, donnent l'impulsion au mouvement. La colère refoulée pendant des décennies de répression, de corruption et de pillage éclate maintenant avec ferveur. Une génération de jeunes modernes, dynamiques et performants sur le plan technologique pose un défi existentiel à la théocratie médiévale. Il s'agit d'une génération qui, de manière frappante, n'a pas la moindre affinité avec les mollahs au pouvoir ou leurs politiques.

La persistance et l'organisation accrue des soulèvements montrent qu'ils ne sont pas spontanés ou dénués de commandement. Les unités de résistance des Moudjahidine du peuple (OMPI/MEK) jouent un rôle central dans la direction et l'organisation des soulèvements. Une revendication, celle du renversement du régime exprimée par les participants au soulèvement dans leur slogan « à bas Khamenei », a dominé l'esprit du soulèvement dès le début.

Des informations publiées dans les médias officiels montrent qu'une grande partie de la population souffre de graves difficultés économiques.

Le chômage, la pauvreté, la hausse des prix et une inflation effrénée, le manque d'accès aux soins de santé et les crises environnementales sont devenus courants et omniprésents. Plus surprenant encore, les revendications économiques à court terme ne se sont pas exprimées lors des récentes manifestations. Au lieu de cela, les slogans tournaient autour de la nécessité de renverser le régime tout entier. En fait, au cours des 40 dernières années, divers secteurs du peuple iranien ont appris et conclu que d'innombrables problèmes et crises ne seront résolus qu'après la suppression du système économique et politique du régime et l'instauration d'une république démocratique à sa place.

Une autre caractéristique importante du soulèvement est le rejet répété de la monarchie par les Iraniens. Le peuple iranien est bien conscient qu'un retour aux dictatures passées n'est pas une option. Il regarde vers l'avenir. L'un des principaux slogans à cet égard est « à bas l'oppresseur, qu'il soit chah ou mollah ». Les jeunes Iraniens, les femmes et la population en général ont clairement et explicitement exprimé leur désir d'une république laïque et démocratique qui rejette à la fois la théocratie actuelle et la monarchie précédente.

Les femmes et les jeunes en tête

Les jeunes et les femmes iraniennes qui ont subi le poids de la répression ont clairement indiqué dans ces soulèvements qu'ils ne cherchaient rien de moins que la chute de la dictature religieuse qui a ruiné leur vie, leur avenir et leur pays. Par exemple, une manifestante de 17 ans dans une ville du centre de l'Iran, représentative de ceux qui défient les forces de sécurité dans la rue, a déclaré à Reuters : "Hé le monde, écoute-moi : je veux une révolution. Je veux vivre libre et je suis prête à mourir pour cela. Au lieu de mourir chaque minute sous la répression de ce régime, je préfère mourir sous leurs balles (des forces de sécurité) dans les manifestations pour la liberté ».[2]

Pour les observateurs de l'Iran, le leadership extraordinaire des femmes dans l'appel au renversement du régime n'est guère choquant. La misogynie est codée dans l'ADN de la théocratie, de sorte que les femmes ont supporté le plus lourd fardeau de l'oppression des mollahs. La colère suscitée par des décennies de répression, de corruption et de pillage éclate.

D'innombrables menaces, intimidations et agressions misogynes n'ont pas réussi à dissuader les femmes. Fondamentalement, c'est parce que 35 ans de leadership féminin dans la Résistance organisée ont inspiré les Iraniennes qui se battent non seulement pour leurs propres droits, mais pour libérer leur nation [3].

Le monde a été témoin du courage, de l'engagement et de la sagesse des femmes iraniennes face à un régime qui les considère comme des citoyennes de seconde classe. Le courage émane du fait de connaître son ennemi dans l'idéologie misogyne de l'intégrisme islamique, qui a imposé le hijab aux femmes dans sa première mesure répressive quelques semaines seulement après son arrivée au pouvoir en 1979. Et en regardant les femmes de la résistance qui, pendant des décennies, ont joué un rôle de plus en plus important dans la lutte nationale contre le régime, les femmes en Iran savent qu'aucun de leurs droits ne sera reconnu tant que ce régime sera au pouvoir, et la liberté des femmes ne pourra être garantie que dans un Iran libre et démocratique.

---

[2] "L'Iran durcit la répression alors que des travailleurs du pétrole auraient rejoint les manifestations." Reuters, 11 octobre 2022. https://www.Reuters.com/world/middle-east/iranintensifies-crackdown-kurdish-cities-unrest-persists-2022-10-10/.

[3] Radjavi, Maryam. 2010. "Les femmes, la force du changement".

La racine de cette bravoure réside dans la détermination de milliers de femmes qui ont résisté au régime pendant de longues années, en particulier au cours de la première décennie du 21e siècle, car elles ont refusé de se soumettre au prix de leur vie. Un regard rapide sur l'histoire de la résistance organisée en Iran révèle une longue liste de militantes, qui ont jeté les bases de la génération rebelle actuelle des femmes qui s'oppose au régime infernal des mollahs.

Lors du massacre de quelque 30 000 prisonniers politiques en 1988, des milliers de prisonnières ont choisi de dire « non » à Khomeiny et aux mollahs qui exigeaient qu'elles renoncent à leur militantisme et à leur organisation. D'après les informations de celles qui ont survécu, dans de nombreuses prisons, des groupes entiers de détenues de l'OMPI ont été exécutés.

Il y a vingt-sept ans, Mme Maryam Radjavi, présidente élue du Conseil national de la Résistance iranienne (CNRI), intervenait devant 25 000 Iraniens réunis à Earls Court à Londres. Dans son discours intitulé « Les femmes : la voix des opprimés », elle soulignait le statut et le rôle des femmes en Iran. S'adressant aux mollahs au pouvoir, elle lançait : « Vous avez utilisé toutes les formes possibles d'humiliation, d'oppression, de répression, de torture et de meurtre contre les femmes en Iran. Mais soyez certains que vous recevrez le coup fatal de celles que vous ne prenez même pas en compte. Bien sûr, votre nature réactionnaire ne vous permet pas de les prendre en considération. Mais soyez assurés que votre régime oppressif sera renversé par les femmes conscientes et libres d'Iran.[4] »

---

[4] Radjavi, Maryam. 1996. « Iran : Les femmes, la voix des opprimés - Maryam Radjavi » Maryam-rajavi.com. 21 juin 1996. https://www.maryam-rajavi.com/fr/les-femmes-la-voix-des-opprimes/

Inflexible

Le premier élan du soulèvement a été le meurtre de Mahsa Amini et l'expression générale du dégoût de l'opinion publique iranienne à l'égard de l'oppression des femmes. Mais en raison de l'état explosif de la société, le soulèvement est allé beaucoup plus loin et, comme le déclarent ses slogans, a évolué pour cibler le « principe du système », c'est-à-dire le régime dans sa totalité et tout ce qu'il représente.

En témoignage de la nature radicale du soulèvement, il est clair que les gens n'ont plus peur de la théocratie. Le régime a tenté de mobiliser sa milice brutale du Bassidj et les forces des pasdarans (CGRI) pour déployer sa répression impitoyable. Il a massivement perturbé Internet pour mener sa répression criminelle dans le black-out total. Mais comme le montrent l'extraordinaire persistance et la nature révolutionnaire du soulèvement national, les forces répressives se sont révélées largement inefficaces pour écraser la révolution en cours.

Le mur de la répression montre des fissures visibles et la peur du régime a été remplacée par l'indignation et la détermination à provoquer un changement révolutionnaire, comme en témoignent les manifestants qui résistent aux forces répressives. Dans des dizaines de cas, des personnes arrêtées par les forces de sécurité ou des voyous en civil (miliciens du Bassidj affiliés au CGRI ou au ministère du Renseignement) ont été libérées grâce à des contre-attaques des protestataires. Plusieurs membres du Bassidj ont été tués lors d'affrontements avec des manifestants, qu'ils avaient impitoyablement attaqués. Les militants révolutionnaires ont déclaré haut et fort que « nous n'avons plus peur ; nous nous battons ». Le régime a admis au moins 103 morts et plus de 3 000 blessés parmi ses forces de sécurité. De nombreux centres du CGRI et de la milice du Bassidj ont été incendiés, des postes de police ont été occupés et les bureaux des représentants de Khamenei dans diverses villes ont été attaqués, cette pratique s'étant généralisée.

« À bas Khamenei »

La nature révolutionnaire du soulèvement national en Iran s'illustre le mieux par ses slogans. Les réseaux sociaux sont en effervescence avec de nombreuses vidéos publiées quotidiennement, montrant des manifestants scandant des slogans tels que « à bas le dictateur », « à bas Khamenei », « à bas l'oppresseur, qu'il soit chah ou mollah » et « c'est l'année du sacrifice, on va renverser Seyed Ali [Khamenei] »[5]. Qui plus est, ces slogans ne se limitent pas à des villes particulières mais sont scandés à travers l'Iran par presque toute la population.

Les militants révolutionnaires communiquent entre eux, l'opinion publique et l'ennemi dans la langue des slogans. Le mot d'ordre unificateur a été le rejet de Khamenei et de son régime avec « à bas le dictateur » et « à bas Khamenei ». A ce stade, le slogan positif a été « liberté, liberté, liberté ». Les gens se rendent compte que Khamenei incarne le régime dans son ensemble. Ils le prennent directement pour cible, sans crainte, dans leur quête d'un changement de régime. Le corps des gardiens de la révolution (CGRI) et la milice du Bassidj, ainsi que les forces de sécurité de l'État, sont tous des instruments pour maintenir le pouvoir en place.

On peut citer parmi d'autres slogans scandés dans diverses villes : « nous nous battrons et nous mourrons, mais nous reprendrons l'Iran », « jurons sur le sang de nos camarades de résister jusqu'au bout », « canon, char et mitrailleuse ne servent plus à rien, dites à ma mère qu'elle n'a plus de fille », « c'est l'année du sacrifice, on va renverser Seyed Ali [Khamenei] », « du Kurdistan à Téhéran, je donne ma vie pour l'Iran », « de Zahedan à Téhéran, je donne ma vie est pour l'Iran ».

---

[5] Serjoie, Kay Armin. 2022. "Protests in Iran Have Shaken the Islamic Republic." Time. 24 septembre 2022. https://time.com/6216024/iran-protests-islamic-republicresponse/.

Unis pour un changement de régime

L'Iran est un pays doté de différentes minorités ethniques et religieuses. Les Kurdes, les Baloutches et les Arabes, entre autres, ont leurs propres caractéristiques ethniques et, au fil des ans, ils ont subi une double oppression sous les régimes du chah et des mollahs. Ils ont toujours revendiqué leur droit légitime d'apprendre et de parler leur propre langue, de porter leurs vêtements traditionnels et de pratiquer leur propre religion, qui est principalement l'islam sunnite. Malgré tous les efforts du régime pour dépeindre les Kurdes et les Baloutches comme des séparatistes, le slogan commun des Iraniens à Téhéran, en Azerbaïdjan, au Kurdistan ou à Zahedan a été : « de Zahedan au Kurdistan à Téhéran, je donne ma vie pour l'Iran ». Ce slogan a clairement neutralisé les complots des mollahs, démontrant que ceux qui forment la mosaïque ethnique de ce pays sont tous unis dans leur opposition au régime. Le CNRI a présenté son plan d'autonomie du Kurdistan et son plan de séparation de la religion et de l'État dans les années 1980 pour lutter contre la persécution des minorités par le régime.

Bien qu'il existe des revendications ethniques et religieuses basées sur une histoire de répression des minorités, toutes les groupes ethniques et religieux en Iran aujourd'hui, dans le contexte de la lutte plus large pour la liberté et le renversement de la dictature religieuse, donnent consciemment la priorité à la revendication nationale. Chacun sait que ses propres droits ne pourront être obtenu qu'avec le renversement du système actuel au pouvoir et l'établissement d'une république démocratique. Par cette exigence, le peuple iranien a rejeté non seulement la tyrannie religieuse, mais aussi l'ancienne dictature monarchique, qui a ouvert la voie au pouvoir des mollahs en supprimant les forces démocratiques. A ses yeux, dans l'Iran de demain et dans le cadre d'une république démocratique, tous les citoyens auront les mêmes droits, et ceux qui ont subi une double oppression devront être indemnisés.

Organisé dans la population

Le peuple iranien se rend compte que la misère profonde et multidimensionnelle en Iran est un sous-produit du régime en place, et cette prise de conscience suscite des appels retentissants à un changement total de régime. L'expansion, la longévité, les messages politiques radicaux contre le régime et l'uniformité des slogans sont tous révélateurs de l'organisation du soulèvement. Cette organisation accrue laisse peu de place aux complots ourdis par le régime et ses alliés internationaux pour entraver le mouvement et assurer sa pérennité.

Le régime était conscient de l'état instable de la société et de la possibilité d'un autre soulèvement. La planification par Khamenei de la pseudo élection présidentielle et de la purge de tous les candidats rivaux pour assurer l'installation d'Ebrahim Raïssi, malgré le boycott national, visait à contrecarrer un autre soulèvement. Malgré ces mesures, l'Iran a connu une éruption de fureur sans précédent ces quatre derniers mois. Il était impossible de soutenir le soulèvement national sans un haut niveau d'organisation et de coordination.

Les autorités et les médias officiels continuent d'exprimer leur inquiétude face à la nature organisée des manifestations. L'agence de presse Fars dirigée par le CGRI a écrit : « Aujourd'hui, le pays souffre des conspirations de l'OMPI. Elle essaie de créer l'insécurité dans la société avec divers mensonges, allant du meurtre de Mahsa Amini au meurtre de personnes et d'étudiants par la police. Entre-temps, des gens d'horizons divers ont alimenté cet incendie et en republiant des mensonges, ont semé le chaos dans la société et détruit la vie et les biens des gens ordinaires et aussi endommagé les biens publics. » Hosseinali Haji-Deligani, membre du Bureau du parlement, a déclaré : « Selon des témoins oculaires, les unités dans les récentes manifestations étaient organisées et chargées de détruire. Elles ont utilisé de nouvelles tactiques pour combattre les forces de sécurité, confirmant qu'elles avaient reçu une formation. »[6] Hassan Razania, le directeur politique et de sécurité du gouvernorat de la province de Hamedan, a déclaré dans une interview à l'agence officielle Tasnim : « Il y a des unités organisées qui mettent le feu à des endroits. Ces mesures indiquent qu'elles sont organisées. Elles ont tenté de prendre le contrôle de gouvernorats dans certaines villes. »[7]

Les autorités sont bien conscientes de l'influence des unités de résistance de l'OMPI. Le 10 octobre, le général du CGRI, Mohammad Bagheri, chef d'état-major des forces armées du régime, a exprimé la vive crainte du régime à l'égard des unités de résistance. « Les très rares scènes de chaos dans certaines parties du pays, a-t-il expliqué, et la focalisation de l'ennemi sur la minorité ethnique et religieuse, tout indique que l'ennemi a lancé une guerre à part entière contre le régime. Dans cette guerre, le Mal [MEK] (…) agit comme un pion de l'ennemi. »[8] Le commandant des Forces de sécurité de l'État (FSE), Hossein Ashtari, a déclaré [9] au site Internet Entekhab : « Ceux qui perturbent la sécurité et nuisent à la propriété seront punis. Nous sévirons avec force. Les émeutiers, dirigés par l'OMPI, sont prêts à semer le chaos. »

---

[6] 2022. "Députés : dans les coulisses de tous les incidents et intrigues récents se trouvent le gouvernement criminel de Grande-Bretagne et le MKO." Quotidien Entekhab. 21 septembre 2022. https://www.entekhab.ir/fa/news/ 695889/ نماینده-مجلس-پشت- صحنه-همه – حوادث-
اخ ی - و-فتنه‎%E2%80%8C‎ها-دولت- جنایتکار-انگلیس-و -منافق ی -هستند
[7] 2022. "Le courant d'hypocrisie des récents troubles était entré à Hamedan." Agence de presse Tasnim. 24 septembre 2022.
https://www.tasnimnews.com/fa/news/1401/07/02/ 2778517/- جریان-نفاق-در
اغتشاشات-اخیر-وارد-همدان-شده-بود.
[8] 2022. "Général Bagheri : L'ennemi a mené une guerre de partis contre le peuple iranien / Dans cette guerre, la racaille royaliste, le MKO et les groupes terroristes sont les agents de l'ennemi." Entekhab. 11 octobre 2022. https://www.entekhab.ir/fa/news/ 698298.
[9] 2022. « Le commandant en chef des forces de police : arrêter les émeutiers n'est pas la seule responsabilité de la police du pays, d'autres organes en sont également responsables." Entekhab. 11 octobre 2022. https://www.entekhab.ir/fa/news/698460.

En plus de cette logique, un réseau d'unités de résistance organisées affiliées à l'OMPI a été sur le terrain pour organiser, guider et diriger de manière constante le soulèvement et fournir un pilier d'orientation politique et de stabilité au mouvement. Ces unités ont progressivement augmenté en nombre, en taille, en étendue géographique et en capacités opérationnelles. Elles ont joué un rôle clé lors des soulèvements de 2017 et 2019. Les hauts dirigeants du régime, ainsi que divers responsables de haut rang et de rang inférieur, expriment constamment leur inquiétude face au rôle croissant des unités de résistance en Iran.

Dans le but de décourager les étudiants de rejoindre les unités de résistance, le président du régime Ebrahim Raïssi a déclaré dans un discours devant un groupe d'officiels de l'université Charif le 6 octobre 2022 : « Nous sommes sûrs que les étudiants de Charif ne permettront pas aux malfaisants et aux *Hypocrites* [OMPI] de déformer cette université. »[10] Parlant des événements durant les troubles actuels, un membre de la commission de la sécurité du parlement, Javad Karimi Qoddousi, a qualifié les manifestations de planifiées et organisées, avant de fournir un compte rendu détaillé de ces activités: « Dans ces incidents, sur la base de ce qui a été vu, les équipes de cinq individus (...) détruisent l'endroit. Ils partent rapidement, et quatre autres arrivent de l'autre côté. »[11]

À l'aube de la révolution

La majorité des Iraniens pensent que le régime doit être renversé dans son intégralité pour trouver des solutions aux innombrables défis et crises du pays. À cette fin, ils savent que la bonne stratégie consiste à soutenir une attaque incessante contre le régime des mollahs, en particulier contre l'axe majeur du dispositif répressif, le CGRI.

---

[10] Farda News, affilié au régime, 6 octobre 2022
[11] Chaîne de télévision Khorasan, 29 septembre 2022.

La culture de défi, qui se manifeste par le ciblage et l'incendie de tous les symboles du pouvoir et la confrontation avec ses forces répressives par tous les moyens, a conduit à la poursuite des soulèvements. La persistance des manifestations dans tout le pays et l'enthousiasme intrépide de la jeune génération, représente la stratégie unifiée de la société au sens large pour renverser le régime.

Les manifestants sont de plus en plus courageux et résolus. Les forces du régime sont épuisées et perdent rapidement le moral. Il y a des signes clairs de fatigue et de dissidence dans les rangs du régime. « Vos troupes ne doivent pas perdre le moral », a déclaré Khamenei au commandant de la police.

Dans ces circonstances, les choses ne seront plus jamais les mêmes en Iran, et supposer le contraire serait extrêmement naïf et irréaliste. Le rapport de force a irréversiblement changé. Le régime est beaucoup plus faible, plus vulnérable et, compte tenu des meurtres récents, beaucoup plus illégitime. Le peuple iranien est plus déterminé que jamais à réaliser une révolution démocratique. Il a tiré d'importantes leçons de ce soulèvement et se retrouve plus puissant et préparé que jamais à renverser la dictature. Le changement en Iran est à portée de main et beaucoup plus accessible qu'il ne l'a été ces quatre dernières décennies.

La répression

Par l'ambassadeur J. Kenneth Blackwell, Cincinnati, Ohio

Bien que le régime des mollahs ait utilisé tout son arsenal de forces répressives pour réprimer le soulèvement du peuple iranien, la révolution en est à son quatrième mois.

Le régime s'attendait à un autre soulèvement, quoique moins intense. Conscient de l'état explosif de la société en raison de la montée des griefs sociaux, économiques et politiques, il a anticipé une autre éruption et organisé son dispositif répressif en conséquence. Même après s'être préparé à l'inévitable, il n'a pas été en mesure d'empêcher ou de réprimer le soulèvement.

En novembre 2019, en raison de la hausse du prix de l'essence, un soulèvement majeur s'est produit en Iran. Le régime l'a brutalement réprimé en massacrant plus de 1 500 manifestants et en arrêtant et torturant des dizaines de milliers d'autres. Après le soulèvement de 2019, Ali Khamenei, le Guide suprême du régime, a reconnu dans un discours la nature organisée du soulèvement et le rôle de l'Organisation des Moudjahidine du peuple d'Iran (OMPI/MEK). Il savait que les unités de résistance de l'OMPI s'étaient répandues dans tout l'Iran et transformeraient toute manifestation en insurrection.

En préparation des futurs soulèvements, Khamenei a décidé que le régime devait resserrer les rangs et consolider le pouvoir des trois branches du gouvernement.

Le Conseil des gardiens a éliminé tous les candidats à l'élection présidentielle, même les alliés les plus proches de Khamenei, pour ouvrir la voie à la présidence d'Ebrahim Raïssi[12], le membre clé de «

---

[12] Qui est Ebrahim Raïssi - CNRI." Ncr-iran.org. https://www.ncr-iran.org/en/who-isebrahim-raisi-ncr-iran/.

la commission de la mort » qui avait mis en œuvre le massacre[13] de plus de 30 000 prisonniers politiques, principalement des partisans et des membres de l'OMPI, durant l'été 1988.

Raïssi a formé un gouvernement composé d'officiels ayant une expérience directe de la violence contre la société, nommant des criminels de son acabit et d'anciens commandants du CGRI. Par exemple, le général des pasdarans Mohammad Bagher Qalibaf a été placé à la présidence du parlement. Mohseni Eje'i, un responsable clé du massacre des prisonniers politiques de l'été 1988, a été choisi à la tête du pouvoir judiciaire. Pendant le soulèvement, Eje'i a nommé Hossein-Ali Nayeri, le chef de « la commission de la mort »[14] qui a perpétré le massacre de 1988 comme son conseiller principal.

L'incapacité du régime à réprimer le soulèvement, malgré ses ressources et préparatifs massifs, est due à la présence du réseau d'unités de résistance de l'OMPI dans toutes les villes d'Iran et à une société prête à la révolte. Les unités de résistance de l'OMPI dirigent et organisent le terrain, fournissant de l'énergie à l'intérieur et exigeant l'attention du monde à l'extérieur.

La répression pendant le soulèvement de 2022

Selon les informations fournies par le réseau de l'OMPI en Iran, des manifestations ont eu lieu dans au moins 280 villes dans les 31 provinces du pays, et au moins 700 manifestants ont été tués jusqu'à la fin décembre. L'OMPI a identifié 601 des victimes, avec leurs noms, les villes et les dates de leur décès. Certaines des pires

---

[13] "Le massacre de 1988 de 30 000 prisonniers politiques en Iran - CNRI." Ncr-iran.org.   https://www.ncr-iran.org/en/1988-massacre-of-political-prisoners-in-iran/.

[14] 2020. "Commissions de la mort du massacre d'Iran 1988 - CNRI." Ncr-iran.org.   27   décembre   2020.   https://www.ncr-iran.org/en/iran-1988-massacre-of-politicalprisoners/iran-1988-massacre-death-commissions/.

violences du régime se sont produites dans la province du Sistan-Baloutchistan.

Au moins 60 enfants âgés de 2 à 17 ans figurent parmi les victimes, et les identités complètes de 58 d'entre eux ont été obtenues. Kian Pirfalak, un garçon de dix ans originaire d'Izeh, dans le sud-ouest de l'Iran, a été tué par les forces de sécurité le 17 novembre. Il rentrait chez lui avec sa famille lorsque les agents ont ouvert le feu sur leur véhicule, le tuant et blessant grièvement son père.

Mi-novembre, le régime a lancé une attaque contre les villes kurdes iraniennes, notamment Mahabad et Javanroud, avec des unités blindées du CGRI équipées d'armes lourdes. Des dizaines de manifestants sans défense ont été tués ou blessés.

Le 30 septembre 2022, Amnesty International a rapporté que « la plus haute instance militaire iranienne a ordonné aux commandants des forces armées de toutes les provinces de "traiter avec sévérité" les manifestants descendus dans la rue (...) L'organisation a documenté un recours généralisé et injustifié à la force létale et aux armes à feu par les forces de sécurité iraniennes qui avaient l'intention de tuer des manifestants, ou auraient dû savoir avec un degré raisonnable de certitude que leur utilisation d'armes à feu entraînerait la mort »[15].

Détentions politiques

Au moins 30 000 manifestants ont été détenus dans des conditions difficiles dans des prisons officielles et secrètes des forces de sécurité. Des dizaines ont été tués sous la torture. De nombreuses

---

[15] 2022. « Iran : des documents divulgués révèlent des ordres donnés au plus haut niveau des forces armées pour « sévir sans pitié » contre les manifestants. » Amnesty International. 30 septembre 2022. https://www.amnesty.org/en/latest/news/2022/09/iran-leaked-documents-revealtop-level-orders-to-armed-forces-to-mercilessly-confront-protesters/.

informations font état de violences sexuelles et de viols contre des filles et des garçons dans les prisons.

Selon des témoignages oculaires de différentes parties de l'Iran, le régime a systématiquement utilisé des ambulances pour transporter les manifestants arrêtés. Des ambulances sont également utilisées pour relocaliser régulièrement les forces de sécurité et de répression sur les sites de protestation. Des témoins oculaires ont rapporté que le régime iranien appelle à l'exécution de certains détenus et a accusé au moins 30 personnes de « Moharebeh » (guerre contre Dieu), ce qui est passible de la peine de mort. Le 16 novembre 2022, Amnesty International a rapporté que « depuis le 13 novembre, les autorités ont annoncé, dans des déclarations séparées, que les tribunaux révolutionnaires de Téhéran ont condamné à mort cinq personnes non identifiées pour « hostilité contre Dieu » (Moharebeh) et «corruption sur Terre » (fesad-e felarz) pour ce qu'ils ont qualifié d'incendie criminel, de destruction de biens et d'agression mortelle contre les membres des forces de sécurité lors de manifestations dans la province de Téhéran. Depuis le 29 octobre, le procès de neuf personnes est régulièrement relayé par les médias d'État. Les hommes inculpés en lien avec les manifestations sont passibles de la peine de mort. On ne sait pas si les cinq condamnés à mort dont les noms n'ont pas été révélés font partie des neuf hommes. Au moins 12 autres personnes, dont une femme, risquent également la peine de mort en lien avec les manifestations. »[16]

Le 26 octobre 2022, des experts des droits de l'homme de l'ONU « ont condamné les meurtres et la répression des forces de sécurité en Iran contre les manifestants après la mort de Jina Mahsa Amini, y compris les arrestations et détentions arbitraires présumées, les violences sexistes et sexuelles, l'usage excessif de la force, la torture et les disparitions forcées. Ils ont demandé instamment que les

---

[16] 2022. "Iran: Chilling use of the death penalty to further brutally quell popular uprising." Amnesty International. November 16, 2022
https://www.amnesty.org/en/latest/news/2022/11/iran-chilling-use-of-the-deathpenalty-to-further-brutally-quell-popular-uprising/.

rapports soient détaillés, les enquêtes indépendantes et les responsables tenus responsables. »[17]

Les mensonges du régime

Mahsa Amini, une Kurde de 22 ans, était en visite à Téhéran lorsqu'elle a été interpellée par la « police des mœurs » et accusée de porter trop lâchement son hijab obligatoire. Après avoir été violemment battue dans un centre de « rééducation », elle est tombée dans le coma pour finalement décéder à l'hôpital. Les tentatives ultérieures des autorités de dépeindre sa mort comme résultant de causes naturelles, niées par ses parents et ses proches, ont établi un schéma de désinformation qui se poursuit jusqu'à nos jours.

Certaines des affirmations du régime sont absurdes et parfois contradictoires. Par exemple, deux jeunes filles de 16 ans, Nika Shakarami et Sarina Esmailzadeh, ont été battues à mort par les forces de sécurité au cours des deux premières semaines des troubles. Leurs corps ont été cachés à leurs familles pour dissimuler des preuves d'exactions. Les autorités ont affirmé plus tard que les filles s'étaient suicidées en tombant de hauts immeubles. Les récits officiels sont passés d'une chute accidentelle à un meurtre par un tiers autre que les forces de sécurité, avant de finalement s'arrêter au « suicide ».

Depuis lors, les mêmes mensonges ont été racontés à propos de nombreux autres jeunes manifestants, et lorsque ces affirmations sont impossibles à défendre, les autorités ont tendance à nier toute

---

[17] "Iran: Crackdown on peaceful protests since death of Jina Mahsa Amini needs independent international investigation, say UN experts." OHCHR. October 26, 2022 https://www.ohchr.org/en/press-releases/2022/10/iran-crackdown-peacefulprotests-death-jina-mahsa-amini-needs-independent.

responsabilité en imputant les meurtres à des « imitateurs de la police » ou à des « terroristes ».

Après que le véhicule transportant Kian Pirfalak, 10 ans, et son père ait été la cible de tirs provenant de plusieurs directions le 17 novembre dans la ville d'Izeh, dans le sud-ouest, les autorités ont accusé des « terroristes » mais n'ont fait aucun effort pour expliquer leurs motifs dans ce crime ou plusieurs autres meurtres commis le même jour et n'ont pas expliqué pourquoi aucun des hommes armés n'avait été appréhendé ou tué malgré la présence reconnue de la sécurité.

La mère du jeune Kian a été claire en attribuant la mort de son enfant aux forces de sécurité lors des funérailles, disant même des autorités : « elles mentent » lorsqu'elles font référence à des terroristes. « Des forces en civil ont tiré sur mon enfant. C'est tout », a-t-elle dénoncé. Mais plus tard le même jour, elle a été forcée d'apparaître à la télévision d'État pour se rétracter dans une interview et mettre en garde contre « l'utilisation abusive » de ses propos. Cette contradiction frappante d'une mère en détresse sous la contrainte a une fois de plus attiré l'attention sur les détenus politiques et les familles des Iraniens décédés qui ont été contraints de fournir de faux aveux pour corroborer les récits officiels du régime.

De tels aveux forcés ont également été mis en évidence dans un reportage de CNN du 21 novembre[18] mettant l'accent sur le recours au viol par les autorités comme tactique de répression politique - faisant référence à une détenue récente qui avait réussi à parler de son expérience. Le reportage indiquait que « les forces de sécurité ont amené une adolescente, la sœur de la femme, dans la salle d'interrogatoire et lui ont demandé si elle était "prête" à les laisser

---

[18] 2022. "Iran protests : Covert testimonies reveal sexual assaults on male and female activists as a women-led uprising spreads." Édition. 21 novembre 2022.
https://edition.cnn.com/interactive/2022/11/middleeast/iran-protests-sexualassault/index.html.

violer sa sœur », après quoi la femme a cédé et donné les aveux qu'on lui demandait.

Le rapport de CNN fournit plusieurs autres exemples spécifiques d'agressions sexuelles dans les centres de détention du régime, à des fins punitives et coercitives. Les victimes de ces abus sont des hommes et des femmes, et quelques mineurs. Des incidents spécifiques sont également connus pour être d'une violence choquante, comme celui d'Armita Abbassi, 20 ans, qui a été hospitalisée le 17 octobre après avoir été arrêtée pour des publications sur les réseaux sociaux où elle critiquait ouvertement le régime.

Alors que des agents en civil essayaient de faire pression sur le personnel médical pour qu'il dise d'abord que les viols avaient eu lieu avant sa détention, puis qu'Armita Abbassi avait été soignée pour des « problèmes intestinaux », les médecins eux-mêmes ont échangé des messages privés sur l'effroyable réalité de la situation. Ces messages ont fuité, provoquant une nouvelle indignation publique.

Cependant, ce discrédit n'a rien fait pour favoriser une solution à l'affaire Abbasi ou à celle de toute autre personne. Au lieu de cela, elle reste à la prison Fardis de Karadj et on pense qu'elle est détenue au secret, faisant craindre qu'elle ne soit confrontée à des exactions brutales similaires tandis que les autorités s'efforcent d'obtenir de faux aveux et de l'empêcher de parler de ses mauvais traitements.

La stratégie de Téhéran pour gérer les troubles comprend l'isolement des détenus ainsi que le vol et la dissimulation des dépouilles des personnes tuées par le régime. Selon certaines informations, les corps des manifestants ont été confisqués par les autorités et enterrés en secret ou rendus à leurs proches à condition qu'aucune cérémonie publique ne soit organisée ou que les véritables circonstances de la mort ne soient révélées.

Le rôle des pasdarans

Le régime a une stratégie en cinq étapes pour contrer les soulèvements à l'échelle nationale. La première est la « prévention ». Cela implique une surveillance et l'arrestation de fauteurs de troubles potentiels. La seconde étape est la « terreur », pour intimider les gens et les empêcher de sortir dans la rue par l'utilisation généralisée de gaz lacrymogènes, de canons à eau et de passages à tabac. La troisième étape est celle des contre-manifestations ou « implication populaire ». Le régime mobilise des civils répressifs et des miliciens du Bassidj pour organiser des contre-manifestations fictives. La quatrième étape utilise des armes non létales mais causant de graves blessures, par exemple des fusils à plomb. La cinquième étape est appelée « l'étape de choc ». À ce stade, des balles réelles sont utilisées pour tuer des gens, atteignant dans certains cas le niveau de massacre de rue. Dans la ville de Zahedan, le régime a massacré les fidèles de la prière du vendredi pour empêcher le soulèvement de s'intensifier.

Une série de rapports de renseignement top secrets, rendue publique par le Conseil national de la Résistance iranienne, a révélé le rôle de premier plan du corps des pasdarans, le CGRI, dans la tentative de réprimer le soulèvement et son modus operandi. Certains rapports portent les signatures et les sceaux des commandants du CGRI, y compris son commandant en chef, le général de division Hossein Salami.

Selon ces documents, diverses brigades et unités du CGRI ont été déployées dans le cadre de la répression, notamment la brigade du QG auxiliaire des forces terrestres du CGRI et la brigade du QG auxiliaire de l'état-major général.

Les rapports indiquent également que le niveau de menace attribué par le régime aux manifestations et sa perception du rôle de l'OMPI sont plus élevés que ce qu'il admet publiquement.

Dans un ordre classé « urgent – hautement confidentiel » le 20 octobre, le commandant adjoint du QG Sarollah à Téhéran (responsable de la sécurité de la capitale), le général de brigade

Hossein Nejat, déclare : « Considérant la tendance croissante des activités divisionnaires par des éléments des unités de résistance affiliées au groupe terroriste Hypocrites (terme péjoratif pour l'OMPI) contre des sites classés, en particulier les bases du CGRI, et compte tenu de la directive de l'Honorable Commandant en chef du Corps des gardiens de la révolution islamique (…) il est nécessaire d'identifier tous les sites classés, y compris les sites militaires, gouvernementaux et judiciaires, qui sont sujets à des actions de clivages. »

Selon un document classé "top secret", préparé pour Ali Khamenei, le Guide suprême du régime, le commandant en chef du CGRI Salami affirme qu'au cours des deux premières semaines du soulèvement, le CGRI, les forces de sécurité de l'État et le ministère du Renseignement avaient arrêté respectivement 9654, 9545 et 1246 manifestants. Le document ajoute que 42 % des personnes arrêtées sont âgées de moins de 20 ans. De plus, Salami a affirmé que certains détenus étaient des membres « organisés » de l'OMPI.

Ces rapports classifiés montrent aussi qu'il existe des niveaux importants de mécontentement dans les rangs du CGRI. Daté du 11 octobre 2022, un document classé « top secret » signé par Salami, fait état des pertes humaines et des dommages causés aux biens de l'IRGC, et reconnaît spécifiquement l'existence de « personnel démoralisé ». Salami ordonne à ses commandants de « s'abstenir de déployer du personnel démoralisé, mécontent et contrarié dans les opérations de contrôle des émeutes ».

Conclusion

Malgré la préparation du régime, sa violence et ses campagnes de désinformation, les manifestations se poursuivent et s'amplifient. Le rôle clé de l'OMPI dans le soulèvement est révélé par cette continuité, par le rôle central attribué au CGRI dans la répression et dans les évaluations des services de renseignements du régime sur la résistance organisée.

L'unité de l'opposition

Par Ivan Sascha Sheehan, professeur associé à l'université de Baltimore, Etats-Unis

Alors que la chute du régime au pouvoir en Iran est de plus en plus probable - et que pratiquement toutes les grandes villes du pays sont en proie à des troubles sociaux - les appels à l'unification de l'opposition iranienne se multiplient. Cela soulève la question suivante : l'opposition politique au régime en place en Iran est-elle suffisamment unie pour mobiliser et aligner ses forces contre le régime théocratique ?

C'est une question valable qui nécessite une connaissance de l'histoire politique contemporaine de l'Iran. Il est encore plus crucial de comprendre les différences intrinsèques entre les mouvements d'opposition et les opérations d'influence correspondantes que les autorités iraniennes utilisent pour faire passer leur opposition comme étant fragmentée - des manœuvres délibérées visant à faire croire à l'absence d'un front unifié et à une faible perspective de changement politique.

Bien que certains analystes iraniens avancent un manque d'unité parmi les mouvements d'opposition iraniens et y voient un obstacle majeur, voire le principal, au renversement du régime, d'autres adoptent un point de vue légèrement différent. S'il est peu contesté que l'unité parmi les groupes dissidents est utile, il est tout aussi important de réaliser que le mantra de « tous ensemble » sans une idée claire des principes autour desquels l'alliance peut être forgée est une stratégie erronée et peu susceptible de réussir. Elle a peu de chance d'aboutir à l'effondrement du régime ou, plus important encore, à une issue démocratique. La base d'une alliance politiquement viable capable de renverser le régime des mollahs et d'établir une bonne gouvernance est la formulation claire des principes autour desquels les forces et partis d'opposition peuvent s'unir.

L'histoire

Au cours de la révolution iranienne de 1979, le vide politique créé par le chah qui avait décimé les forces pro-démocratiques par le biais de la prison et des exécutions a conduit à l'émergence de Rouhollah Khomeiny en tant que leader *de facto* de cette révolution. Khomeiny a appelé à l'unité sans décrire ce pour quoi les parties devaient s'unir. Il a astucieusement mais intelligemment compris qu'après l'effondrement du régime du chah et le transfert du pouvoir, il pourrait en grande partie dominer la future direction politique du pays sans être contrôlé.

L'ambiguïté a servi Khomeiny sur le plan politique. C'était une lacune évidente de cet événement transformateur qui a finalement conduit à la domination politique du clergé et de ses protecteurs dans le Corps des gardiens de la révolution islamique (CGRI) qui allait bientôt être formé.

La révolution populaire de 1979 a réussi à renverser le chah et la monarchie, mais l'emprise politique de Khomeiny sur ce gigantesque bouleversement social a apporté le même état d'esprit de parti unique avec des caractéristiques messianiques. La république dans la soi-disant « République islamique » est devenue un accessoire insignifiant pour détourner les critiques de la dictature religieuse de Khomeiny, y compris son entourage de clergé le soutenant et l'armée personnelle du CGRI.

Une véritable opposition

Au lendemain de la révolution de 1979, Massoud Radjavi, le dirigeant du principal mouvement d'opposition au chah, les Moudjahidin-e Khalq (MEK, ou Moudjahidine du peuple, OMPI), a progressivement et systématiquement repoussé la direction alors influente de Khomeiny. L'OMPI a fait la promotion d'une démocratie républicaine et a évité l'utilisation démagogique du terme « islamique» ou l'injection de la religion dans le système ou le processus politique par Khomeiny et ses partisans. Détestée par Khomeiny et ses partisans, l'OMPI critiquait la direction politique de Khomeiny, qui tendait vers le pouvoir absolu et donc la corruption absolue du pouvoir et de la religion. Les tentatives répétées de l'OMPI pour contrecarrer un tel résultat en participant au processus politique initial, tout en critiquant le régime de Khomeiny, se sont heurtées à une répression féroce en juin 1981.

Le résultat a été des manifestations anti-gouvernementales massives de militants démocrates, majoritairement issus de l'OMPI, et le massacre de ces forces démocrates qui s'en est suivi. Juin 1981 est devenu un tournant dans l'histoire révolutionnaire de l'Iran après 1979 lorsque Khomeiny a démontré qu'il ne tolérerait aucune opposition légitime à son régime - une décision qui a dénué son régime de légitimité et ouvert la voie à la lutte qui se préparait entre la résistance iranienne et le régime et qui continue depuis.

À partir de juin 1981, le mot « opposition » a pris un sens nouveau en Iran : toute personne cherchant à abolir le régime illégitime et à établir un nouveau système politique à vocation démocratique. Une telle opposition s'est formée à Téhéran le 20 juillet 1981, dans une coalition de plusieurs forces politiques bientôt rejointe par des représentants de diverses minorités ethniques et religieuses. La nouvelle coalition a été nommée Conseil national de la Résistance iranienne (CNRI) et peu de temps après, ses dirigeants et certains membres sont partis en France - où ils ont mis en place un parlement en exil - en raison de la persécution qui a rendu impossible de diriger la résistance depuis l'intérieur du pays.

Néanmoins, les références aux opposants en sont venues à inclure un langage politique imprécis incluant des factions internes cherchant une « réforme » sans dissidence politique légitime qui a été interdite par la République islamique. Aujourd'hui, il est de plus en plus inutile d'expliquer pourquoi le régime ne peut pas se réformer et facile de témoigner des cris de ralliement universels comme « à bas Khamenei » et « radicaux, réformateurs, le jeu est terminé », un slogan répété depuis 2017. Mais, en dernière analyse, le seul marqueur d'une véritable opposition au régime en Iran est son renversement dans son intégralité - un objectif qui exclut tout engagement avec des factions internes, des individus et des groupes cherchant des concessions, un dialogue, une collaboration ou une cooptation avec eux.

Bien que Téhéran colporte une fausse allégation selon laquelle certains dissidents iraniens se contenteraient d'une modification du régime, les seuls opposants iraniens crédibles sont ceux qui sont engagés dans un changement total de régime. Estomper cette distinction ne sert qu'à maintenir le *statu quo*.

Coalition politique

Les politologues ont compris depuis longtemps que l'unité d'objectif est indispensable à une campagne d'opposition réussie contre un régime totalitaire bien établi comme celui de l'Iran, considéré illégitime par l'ensemble de la population.

L'échec des partis d'opposition à s'unifier et à former une coalition politique pour renverser le régime en place est souvent attribué à ces facteurs : la stratégie réussie du régime de « diviser pour mieux régner »; les ambitions politiques démesurées de personnalités ou de groupes apparemment d'opposition qui finissent par succomber au choix de participer au régime ; et surtout, l'élimination physique et la guerre psychologique focalisées sur son opposition la plus dangereuse, l'OMPI et le CNRI.

L'élimination physique et la diabolisation sont les deux principaux instruments utilisés par le régime pour atteindre son objectif. Nul n'ignore depuis longtemps que toute affiliation avec l'OMPI et le CNRI, sans parler d'une expression de soutien à ces deux organismes, sont passibles d'emprisonnement, de torture et d'exécution. Des milliers de livres, de films et de sites internet ont également été lancés pour répandre la désinformation et façonner le discours populaire sur l'OMPI, en Iran et dans le monde.

Ce n'est pas surprenant. Après sa décision de pousser l'OMPI à la clandestinité après la révolution, le régime des mollahs s'est rendu compte que sa principale menace venait du camp du « renversement » – l'OMPI et le CNRI. Ceux qui soutiennent que les monarchistes cherchaient également à renverser le régime négligent le fait que la monarchie en tant qu'idée politique n'a jamais eu d'avenir politique sérieux, d'organisation ou de posture contre le régime depuis sa chute honteuse du pouvoir avec la destitution du chah. Un bref examen historique de la période suggère que la seule alternative cohérente et convaincante au régime est venue de l'OMPI et du CNRI.

Les stratégies anti-OMPI

Dans les années 1990, le régime a commencé à concevoir une stratégie sophistiquée contre l'opposition visant à affaiblir ce qu'il considérait comme son principal ennemi. Il a divisé ses opposants en deux camps : ceux qui, selon lui, nourrissaient l'intention et la capacité de le renverser, à savoir l'OMPI et le CNRI, et ceux qu'il pensait pouvoir convaincre à critiquer ces deux entités.

L'objectif était simple : inciter les opposants au régime à devenir ce qui équivalait à des partisans du régime en les incitant à répéter des allégations contre l'OMPI et le CNRI.

En prenant ses distances, le régime a fait en sorte que ces individus et groupes de suivent ses ordres. Le ministère iranien du renseignement et de la sécurité (VEVAK) a inventé la règle 80/20 qui stipule que les faux opposants, qui recevraient la faveur discrète du régime, pourraient critiquer le régime 80% du temps à condition qu'ils attaquent l'OMPI et le CNRI sur des allégations conçues par le régime à 20% du temps. Quatre décennies plus tard, la théocratie continue d'être obsédée par son ennemie jurée, l'OMPI.

Dès ses débuts, Khomeiny et ses successeurs ont fait preuve d'un remarquable penchant pour la projection de leurs valeurs tordues et de leurs indiscrétions sur leurs ennemis. Dans les années 1980, lorsque la torture brutale des prisonniers politiques a été mise en lumière et a provoqué une fureur, y compris au sein du clergé apparemment pro-régime, Khomeiny s'est écrié « ils se torturent eux-mêmes pour nous accuser de torture ». Aujourd'hui, lorsque le régime assassine des manifestants sans défense et innocents, il classe les victimes comme étant des « suicides » et va jusqu'à forcer les proches à l'affirmer ou à subir eux-mêmes des persécutions.

Attaquer l'OMPI et le CNRI avec des allégations générées par le régime (allant d'allégations ridicules selon lesquelles il s'agit d'une secte, jusqu'à de fausses affirmations selon lesquelles elle aurait pris part à des violations des droits humains contre des compatriotes iraniens, à des affirmations infondées selon lesquelles le groupe s'est rangé du côté des ennemis de la République islamique, y compris l'Irak, l'Arabie saoudite, les États-Unis, Israël et une foule d'autres ennemis réels ou perçus comme tels) constituent des marqueurs clairs et un langage codé indiquant que les attaquants peuvent être cooptés par le régime ou peuvent coopérer.

Conclusion

Ce chapitre a examiné dans quelle mesure les mouvements d'opposition en Iran peuvent être mieux compris à travers le prisme d'efforts concertés des ayatollahs pour maintenir le *statu quo* en distinguant les groupes qu'ils jugent licites et ceux qu'ils jugent illégaux, c'est-à-dire ceux qu'ils considèrent comme engagés envers des réformes peu menaçantes et inefficaces par rapport à ceux qu'ils considèrent comme une menace existentielle.

La vérité est que peu de groupes d'opposition ont ouvertement joué cartes sur table en s'engageant à renverser le régime et en développant un programme politique pour y parvenir. L'OMPI et le CNRI ont appelé à une démocratie laïque à part entière et ont précisé ce que cela impliquait. En revanche, de nombreux autres

« opposants » à l'intérieur du pays, ainsi que ceux en exil, ont été plus réticents à préconiser des réformes procédurales limitées – allant de l'expansion de certaines libertés civiles et droits politiques à la libération des prisonniers politiques. Mais le principe du *Velayat-e Faqih* (gouvernance du savant le plus érudit) inscrit dans la constitution de 1979 est rarement remis en cause. Cela laisse au Guide suprême du régime le pouvoir ultime de contrôler les tribunaux, la police, l'armée et les organes sensibles du gouvernement, depuis les ministères du pétrole et des affaires étrangères au Conseil des gardiens (un comité qui peut opposer son veto aux candidats à un poste et bloquer la législation parlementaire).

L'histoire montre que les gouvernements autoritaires tombent lorsque les populations se rassemblent autour de principes partagés et d'une cause commune présentée par une opposition qui a resserré les rangs. En Iran, où l'expérience de 1979 est très présente et où le peuple est suffisamment sophistiqué sur le plan politique pour ne pas succomber à une autre forme de despotisme, une approche sensée ne consiste pas à reporter la discussion sur la gouvernance démocratique et une future république à une date ultérieure, mais à l'intégrer dans les critères d'unité. Une position transparente et claire de toutes les forces politiques iraniennes qui s'opposent au régime et qui présentent un avenir démocratique garanti pour la société iranienne est la seule option qui puisse gagner du terrain. En comprenant les opérations d'influence employées par les autorités iraniennes, y compris le VEVAK, et la base crédible pour unifier l'opposition, les décideurs politiques seront mieux à même d'apprécier la nature d'une opposition viable au régime qui mérite un soutien international.

Les caractéristiques d'une alternative

Par Alejo Vidal-Quadras, Barcelone, Espagne

L'unité des forces d'opposition cherchant à renverser le régime et à lui constituer une alternative est l'un des principaux piliers de la résistance contre la dictature, en particulier le fascisme religieux au pouvoir en Iran. L'existence d'une alternative est un impératif pour faire avancer la lutte visant à renverser le régime et assurer la victoire d'un peuple prêt à en payer le prix. A l'inverse, l'absence d'alternative peut faire échouer la révolution ou la dévier de sa trajectoire optimale. L'alliance des forces impliquées dans la révolution est déjà visible dans les rues d'Iran. Cet exposé entend évaluer les caractéristiques d'une alternative autour de laquelle il est possible de former une alliance ou une coalition de mouvements désireux de renverser le régime en place.

Les attributs

Une alternative au régime en place peut être identifiée par certaines caractéristiques sans lesquelles aucun groupe ou coalition ne peut être qualifié d'alternative. Ces caractéristiques sont en corrélation avec les réalités historiques, politiques et sociales de l'Iran. Certains des attributs les plus importants d'une alternative viable pour l'avenir de l'Iran sont les suivants :

1. Organisation et structure

2. Soutien national et international

3. Un leadership compétent et un plan d'action clair pour l'avenir

4. Pluralisme

5. Rejet de toute forme de dictature

1. Organisation et structure

Pour faire avancer la lutte politique, il est essentiel que l'alternative ait une organisation dotée d'une cohésion interne, d'un leadership et d'un réseau de membres et de sympathisants à l'intérieur et à l'extérieur de l'Iran. Une telle organisation permettra à l'alternative de mobiliser différentes couches de la population et de s'appuyer sur son vaste réseau pour faire avancer la lutte contre le régime en place. Elle peut mener, diriger et développer les manifestations populaires et les activités contre le régime. Elle peut agir comme moteur de changement.

En l'absence d'une telle entité organisée, la lutte n'atteindra pas ses objectifs, et même si le régime est renversé, l'alternative s'écartera probablement d'une voie qui mène à un gouvernement démocratique du peuple, pour le peuple et par le peuple. Les 120 ans d'histoire de la lutte du peuple iranien contiennent des expériences amères à cet égard. Lors du coup d'État du 19 août 1953 contre le gouvernement nationaliste et populaire du Dr Mohammad Mossadegh, mené par les États-Unis et la Grande-Bretagne, en collusion avec la cour du chah et en coopération avec le clergé réactionnaire, il manquait au gouvernement de Mossadegh une structure cohérente et militante, une organisation de base pour contrecarrer les putschistes.

De même, après le renversement du chah en 1979, les organisations démocratiques n'ont pas été en mesure de défier Khomeiny, qui avait détourné la direction de la révolution en grande partie à cause de la répression sanglante du chah, de l'exécution et de l'emprisonnement des dirigeants démocrates. Les mollahs avaient un long passé de collaboration avec la police secrète du chah, la SAVAK, avant le début de la révolution de 1979. Khomeiny et son réseau de mollahs ont détourné la révolution de son objectif démocratique et imposé une dictature plus sombre que celle du chah.

La présence d'organisations démocratiques peut également empêcher l'émergence de pseudo-alternatives alignées sur l'ancienne dictature du chah ou de courants « réformateurs » au sein du régime actuel, tous deux entachés par un passé et une croyance de type dictatorial.

L'alternative peut profiter de son organisation et de son vaste réseau à l'intérieur du pays pour mobiliser le peuple afin de pousser la lutte contre l'appareil répressif du régime, l'affaiblir et finalement le renverser. Elle peut divulguer des renseignements sur les politiques et les activités antipatriotiques du régime qui nuisent aux Iraniens et au monde, telles que sa politique d'exportation du terrorisme, ses programmes d'armes nucléaires et de missiles balistiques, et la production et l'exportation de drones et d'autres armes destructrices utilisées pour tuer des gens dans d'autres pays, pour ne citer que ça.

2. Soutien national et international

De toute évidence, les sondages directs et l'évaluation des aspirations et des votes dans une dictature ne sont pas possibles. Par conséquent, à une époque de répression, la seule base raisonnable de la légitimité de tout mouvement ou groupe est le prix qu'il paie pour la liberté et le niveau et la qualité de la résistance qu'il oppose à la dictature. L'un des meilleurs moyens de discerner la popularité et l'acceptation d'un mouvement politique dans la société est de se référer au nombre de martyrs et de prisonniers affiliés.

Cette base populaire est impérative pour une alternative non seulement à l'intérieur de l'Iran mais aussi à l'échelle internationale avec une reconnaissance et un soutien politiques. En dernière analyse, le peuple iranien est le principal moteur du changement, et sans son soutien, aucune organisation ou mouvement ne peut prétendre être une alternative à la dictature en place.

Le soutien populaire nécessite et émane de racines historiques profondes, d'une histoire de lutte pour la liberté et la démocratie à l'intérieur du pays, et de liens dynamiques avec différents secteurs de la société, en particulier l'intelligentsia et les classes moyennes et inférieures.

L'expérience de l'histoire récente dans le voisinage régional de l'Iran a montré que les alternatives importées qui manquent de soutien populaire et de légitimité sociale, qui arrivent en courant pour revendiquer le pouvoir après la chute d'un régime en place, ne peuvent être des alternatives viables. Elles auront recours à la répression du peuple et s'appuieront davantage sur divers acteurs étrangers pour maintenir leur pouvoir. L'expérience amère des transformations des régimes répressifs et fantoches au cours des cinquante dernières années, tant au Moyen-Orient que dans d'autres pays, confirme cette conclusion.

Aucune alternative ne peut gagner la confiance du peuple ni une base résiliente de soutien social sans payer le prix nécessaire pour défier la dictature brutale qu'elle vise à remplacer avec des idéaux démocratiques. Une alternative doit être prête et capable de surmonter d'énormes adversités, agonies, obstacles, malheurs et tribulations au cours de sa lutte. C'est un test nécessaire de son authenticité et de son attachement aux principes et slogans démocratiques. C'est aussi un élément extrêmement vital pour gagner la confiance du peuple.

En tant qu'avant-garde de la lutte, une alternative doit payer un prix plus élevé pour faire avancer la lutte. Elle ne peut se soustraire à cette responsabilité intrinsèque. Toujours d'un point de vue historique, cet engagement et cette volonté d'embrasser les douleurs de la lutte de la part des dirigeants et des organisations politiques ont révélé et ouvert la voie pour que les gens fassent preuve d'initiative dans la réalisation de leurs droits et libertés. L'histoire de l'Iran ces dernières décennies a produit de nombreux dirigeants considérés comme des symboles et des héros nationaux, servant de modèles aux générations futures.

Hors d'Iran, l'alternative doit porter le soutien de la communauté en exil et être capable de la mobiliser pour faire écho à la voix du peuple à l'intérieur du pays.

D'un point de vue international, tout mouvement ou groupe qui prétend être une alternative doit avoir un statut, une légitimité et une reconnaissance internationale. Il doit recueillir le soutien de personnalités, de partis, de parlementaires et de responsables actuels et anciens de toutes les tendances politiques du monde entier. Pour que le changement et la révolution réussissent dans n'importe quel pays, il faut le soutien politique et moral des défenseurs de la démocratie et de la liberté du monde entier en raison du tissu étroitement lié des sociétés humaines dans l'âge moderne. Sans une telle condition, il sera très difficile – voire impossible – d'opérer une transition démocratique, et cela coûtera plus cher en souffrances et en effusion de sang.

Alors que les citoyens et les principales organisations politiques du pays jouent un rôle majeur dans l'issue d'une lutte pour se libérer de la dictature et parvenir à une gouvernance démocratique, on ne peut ignorer le rôle de la communauté internationale dans l'accélération ou la décélération du processus de changement. Par exemple, la complaisance politique de l'Occident vis-à-vis du régime ces quatre dernières décennies a été l'un des obstacles les plus importants à son renversement et à une révolution. Le lourd tribut a été payé par le peuple iranien et sa résistance. La reconnaissance et le soutien internationaux agiront comme un futur obstacle aux interventions étrangères potentiellement improductives. En même temps, cela facilitera les relations amicales et mutuelles fondées sur le principe de non-ingérence dans les affaires intérieures de toutes les parties, assurant ainsi des relations pacifiques dans le cadre du droit international pouvant permettre à l'Iran de jouer son rôle historique et constructif au Moyen-Orient et dans le monde.

3. Un leadership compétent et un plan d'action clair

L'alternative au régime au pouvoir en Iran doit avoir un leader compétent et fiable ayant fait ses preuves dans une lutte longue et ardue. Les révolutions contemporaines ratées qui se sont égarées ou ont été réprimées, y compris la révolution de 1979 ou le soulèvement de 2009 en Iran, ont précisément manqué de cet attribut et ont démontré son importance. Un leadership compétent doit être prêt à prendre des risques pour faire avancer la lutte et être prêt à payer le prix des décisions difficiles nécessaires à différentes étapes. Le leadership ne peut pas se laisser intimider par le rapport de forces en vigueur et ne doit pas sacrifier les principes au profit d'avantages politiques à court terme.

Une alternative viable doit avoir un plan d'action clair pour l'avenir. Ce plan doit apporter des solutions aux grands problèmes et défis de la société, garantir les droits et libertés individuels et sociaux, les droits des femmes, les droits des minorités ethniques et religieuses, aborder le développement et le progrès économiques, assurer un système judiciaire indépendant et disposer de politiques étrangère et environnementale claires, pour n'en nommer que quelques-unes.

L'alternative doit pouvoir mettre en œuvre immédiatement le plan après le renversement du régime et la mise en place d'un nouveau gouvernement. En d'autres termes, il faut annoncer à l'avance les programmes et les plans spécifiques à mettre en œuvre pendant que le nouveau gouvernement organise la tenue d'élections pour l'établissement de l'Assemblée constituante et la rédaction de la constitution de la nouvelle république.

Reporter l'annonce d'un tel programme après le transfert du pouvoir ouvrira la voie à la trahison des idéaux avoués de la révolution, ce qui s'est produit lorsque Khomeiny s'est emparé du pouvoir. Avant la révolution de 1979, chaque fois que Khomeiny était interrogé sur ses plans concernant divers problèmes, il disait sournoisement qu'il les annoncerait après la victoire de la révolution. Cette approche peu transparente et malhonnête lui a permis d'imposer une dictature religieuse en tournant le dos à de vagues promesses faites auparavant.

4. Pluralisme

Une alternative doit inclure des représentants d'un éventail de tendances et de convictions politiques au sein de la société. Le principe directeur d'une telle alternative est le pluralisme et la capacité de représenter diverses idées et groupes politiques à travers le spectre politique, y compris la gauche, les libéraux, les conservateurs, les croyants et les laïcs. Elle doit également représenter les minorités ethniques d'Iran, y compris les Baloutches, les Kurdes et les Arabes, et spécifier et approuver des plans pour affirmer et garantir leurs droits.

Pendant les 57 ans de règne de la monarchie Pahlavi (Reza Khan et son fils Mohammad Reza) et les 43 années de présence des mollahs au pouvoir, seul le courant politique dominant a participé au pouvoir, les autres courants politiques et les minorités ethniques et religieuses ont été privés de leur droit à l'autodétermination et violemment réprimés, parfois complètement exclus. Ce n'est qu'en acceptant la diversité politique et le pluralisme que l'on peut créer un creuset, où divers points de vue de plusieurs classes et secteurs sociaux peuvent se rencontrer et s'engager démocratiquement et pacifiquement dans un dialogue. L'Iran est un pays qui a toujours été un ensemble de multiples tendances politiques, d'ethnies et de religions, et au cours du siècle dernier, aucun gouvernement n'a respecté les droits et les opinions du peuple, laissant un vide démocratique que seule une telle approche peut combler.

5. Rejet de toute forme de dictature

Tout mouvement ou coalition politique voulant être considéré comme une alternative pour l'avenir de l'Iran doit avoir des démarcations claires avec toute sortes de dictature et d'autoritarisme, et elle doit nécessairement être issue de la révolution antimonarchique du peuple iranien qui a promu les idéaux de liberté et d'indépendance.

Comme nous l'avons déjà dit, en période de dictature, lorsqu'il n'y a aucune possibilité d'expression libre et démocratique des souhaits du peuple, une véritable alternative tire sa légitimité du niveau de sa résistance à la dictature au pouvoir. Prétendre dénoncer le régime n'accorde pas automatiquement à une personne ou à un mouvement, en particulier en dehors de l'Iran, un statut d'alternative.

Si un individu ou une organisation plaide pour un régime autoritaire tel que la monarchie déchue ou l'une de ses versions modifiées, on ne peut les considérer comme une alternative à la dictature. Par conséquent, les individus ou les groupes qui cherchent à rétablir la monarchie déchue ou à « réformer » le système religieux ne peuvent faire partie de la coalition censée être une alternative au régime actuel.

Le rejet de l'ancienne dictature monarchique est un critère majeur car la monarchie en Iran a toujours été mêlée à la dictature et à l'autoritarisme. Les comparaisons naïves d'une telle monarchie avec la famille royale d'Angleterre ou de certains pays nordiques ou européens sont une mauvaise analogie. Les monarchies de ces derniers pays, après plusieurs siècles de lutte politique, de révolution et de réforme, ont un rôle purement cérémoniel, et ce sont les représentants élus du peuple qui détiennent le pouvoir réel et pratique dans la gestion des affaires de ces États. À l'opposé, le cours des développements en Iran a montré qu'au fil du temps, le règne du chah a non seulement entravé les réformes, mais a pris des traits de plus en plus autoritaires tout en se transformant en régime à parti unique. Dans un tel système, les parlementaires ne sont pas de véritables représentants du peuple. Au lieu de cela, ils ont servi à approuver les politiques et les caprices du chah et de sa cour. L'histoire de la monarchie en Iran n'est pas celle du Royaume-Uni, par exemple. Elle ressemble plus au système français, où le système monarchique a été renversé et aboli par la Révolution française.

La monarchie Pahlavi a pris le pouvoir par un coup d'État contre de véritables constitutionnalistes. Le coup d'État de Seyyed Zia Tabataba'i avec le soutien britannique en 1925 a installé Reza Khan, un officier cosaque, sur le trône. Son fils, Mohammad Reza Pahlavi, a été couronné en 1941 suite à l'exil forcé de son père en Afrique du Sud sur l'ordre des Alliés pendant la Seconde Guerre mondiale. Puis en 1953, un coup d'État américano-britannique contre le gouvernement nationaliste du Dr Mossadegh a ramené Mohammad Reza Pahlavi sur le trône.

Sous le règne de Reza Khan, d'abord en tant que Premier ministre puis en tant que chah, tous les mouvements de liberté à tendance démocratique en Iran, y compris le mouvement Jangal (forêt) sous la direction de Mirza Kouchak Khan Jangali au Guilan, dans le nord de l'Iran (1915-1921), et le mouvement dirigé par Mohammad Taqi Khan Pessian au Khorassan, dans le nord-est de l'Iran (1921), ont été violemment réprimés. Son fils, Mohammad Reza chah, a créé un système de parti unique en Iran - le Parti Rastakhiz (Résurrection). Il a supprimé non seulement les partis libéraux et modérés, tels que le Front national et le Mouvement pour la liberté, mais aussi des organisations révolutionnaires comme les Moudjahidine du peuple (OMPI) de confession musulmane, et les Fedayine marxistes. En faisant taire toutes les voix dissidentes, il a préparé le terrain au détournement de la révolution par Khomeiny et son réseau de mollahs.

Le rythme rapide et l'interdépendance des développements historiques, politiques et sociaux à travers le monde, et à une époque de grandes avancées technologiques, rendent les exigences d'un retour aux systèmes dictatoriaux et autoritaires antérieurs obsolètes.

Le Conseil national de la Résistance iranienne (CNRI)

Si nous admettons les cinq attributs expliqués ci-dessus comme les éléments constitutifs d'une alternative, mon expérience et ma connaissance du Conseil national de la Résistance iranienne (CNRI) et des Moudjahidine du peuple (OMPI) m'ont convaincu que dans le contexte des réalités politiques existant en Iran, il n'y a qu'un seul mouvement qui satisfait pratiquement à tous ces attributs, lui conférant le statut d'alternative viable à la tyrannie religieuse en

Iran. Entre autres, je fonde cette conclusion sur des recherches approfondies sur le CNRI et l'OMPI ainsi que sur des réunions et des discussions avec leurs responsables et membres à Achraf-1 en Irak avant qu'ils ne soient transférés en Albanie et en Europe.

Le premier trait était d'avoir l'organisation et la structure pour survivre à la répression et pour fonctionner efficacement dans un tel environnement. En tant que principale organisation au sein du CNRI, l'OMPI se distingue par son réseau et ses unités de résistance à l'intérieur de l'Iran.

Le soulèvement actuel est indissociable de son passé et de quarante années de combats acharnés dans tous les domaines politique, social, militaire, etc. L'OMPI a été à l'avant-garde de ces campagnes. Par exemple :

- L'emprisonnement et la torture de centaines de milliers de personnes et l'exécution de dizaines de milliers de membres et sympathisants de l'OMPI dans les années 1980.
- Le massacre de 30.000 prisonniers politiques en 1988, dont environ 90% étaient affiliés à l'OMPI, que le peuple iranien considère toujours comme le plus grand crime de ce régime.
- La féroce campagne politique à l'intérieur et à l'extérieur de l'Iran contre l'illusion d'une réforme au sein de la théocratie, du début des années 1980 à nos jours. Maintenant, non seulement l'opinion publique iranienne, mais aussi de nombreux politiciens et observateurs, sont arrivés à la conclusion que ce régime ne peut être réformé.
- La campagne de dénonciation des activités terroristes du régime.
- Empêcher le régime iranien de se doter d'armes nucléaires en révélant ses sites et projets nucléaires secrets.

On peut également se référer aux unités de résistance affiliées à l'OMPI, qui ont proliféré à travers le pays, surtout ces dernières années. Ces unités ont présenté aux Iraniens de nouvelles manières de résister sur le terrain. Aujourd'hui, la jeune génération fait progresser ces méthodes à l'échelle nationale.

En 2013, les unités de résistance ont lancé leur campagne à petite échelle en écrivant des graffitis contre des responsables du régime (dont le slogan « à bas Khamenei »). Leurs activités allaient de simple à complexe, de la distribution de tracts et de slogans sur les murs à la destruction de portraits de dirigeants du régime, en passant par scander des slogans dans les rues et l'incendie de symboles du régime. Ces unités sont formées dans les quartiers, établissements scolaires, usines, bureaux, universités et ailleurs. Elles s'appuient sur une base de soutien populaire qui a contrecarré les efforts du régime pour les éliminer.

En juillet 2021, un millier d'unités de résistance ont rejoint en ligne le Sommet mondial annuel pour un Iran libre de la Résistance iranienne. En 2022, elles étaient 5000 à rejoindre ce sommet.

Les unités ont joué un rôle essentiel dans les soulèvements de 2017 et 2019, et ont mené le soulèvement et les slogans dans de nombreuses villes. En même temps, elles ont fourni des rapports détaillés et en temps réel sur le soulèvement dans diverses villes et régions. Sur la base des informations que ces unités ont communiquées depuis l'intérieur du pays, la Résistance iranienne a annoncé le meurtre de 1 500 manifestants lors du soulèvement de novembre 2019, ce qui a ensuite été confirmé par le régime. La Résistance a également publié les noms de 900 des victimes.

Les unités de résistance ont joué un rôle important en fournissant des informations précises et continues lors de l'épidémie du coronavirus. En examinant régulièrement les hôpitaux et les cimetières et en obtenant et en divulguant les communications internes des organes du régime, ces unités ont tenu le peuple iranien et le monde informés du bilan humain désastreux et de la mauvaise gestion criminelle de l'épidémie par les mollahs.

Ces dernières années, les unités de résistance ont répandu une nouvelle culture dans la jeune génération, à savoir la culture de la résistance, en liant cette génération à la résistance nationale de 40 années contre le régime des mollahs. Une génération qui n'est pas née dans les années 1980 est maintenant inspirée par la résistance que l'OMPI a menée au cours de ces années et par le prix qu'elle a payé lors du massacre de 1988.

Les médias et les responsables officiels ont constamment souligné le rôle de l'OMPI et en particulier de ces unités de résistance.

La structure du CNRI

Le CNRI a une structure et une organisation cohérentes, un leadership reconnu, un programme clair et sans équivoque, un réseau national à l'intérieur du pays grâce à son membre central l'OMPI, et une coalition diversifiée comprenant un large éventail de tendances politiques et de personnalités éminentes. Il bénéficie également d'un large soutien bipartite à l'échelle internationale.

Les principes auxquels adhère le CNRI, et qu'il proclame depuis 1981, rejettent les dictatures passées ainsi que le statu quo. Il promeut un avenir fondé sur deux principes fondamentaux, à savoir la liberté et l'indépendance. Un autre principe est l'égalité de tous devant la loi. Pour cette raison, le CNRI a déclaré dès le début qu'il croit en un Iran libre et démocratique où personne ne sera privé de l'égalité des droits ou ne se verra accorder de privilèges spéciaux sur la base d'affiliations ethniques, religieuses ou familiales. Par conséquent, il rejette les dictatures monarchiques et religieuses et recherche à la place une république démocratique.

L'objectif du CNRI est d'instaurer la liberté, la démocratie et une république fondée sur la séparation de la religion et de l'État et des normes démocratiques, où chacun pourra bénéficier de droits égaux.

Dès le début, le CNRI a annoncé ses vues et ses plans sur les principaux problèmes de la société iranienne. Il s'agit notamment de son projet d'autonomie du Kurdistan dans le cadre de l'intégrité territoriale de l'Iran, de l'égalité des sexes dans tous les domaines, des libertés religieuses et du refus de tout privilège à des religions ou croyances spécifiques.

Par ailleurs, le CNRI a présenté un plan intitulé « Front de solidarité nationale » reposant sur trois principes. Il les considère comme les principes fondamentaux de l'unité entre toutes les forces républicaines qui s'efforcent de renverser la dictature religieuse. Ces trois principes sont : le rejet de la dictature religieuse dans son intégralité, l'établissement d'une république et la séparation de la religion et de l'État. Le plan ne contient aucun privilège spécial pour le CNRI et ses membres. Le plan accepte des divergences de points de vue même sur des questions que la Résistance iranienne considère comme extrêmement importantes. Telles sont les considérations minimales nécessaires à l'élaboration d'une coalition unie pour assurer la mise en place d'une république véritablement démocratique basée sur des élections libres et une constitution populaire.

Les slogans du peuple iranien qui résonnent dans les rues des villes ces jours-ci reflètent ces revendications, en particulier les slogans de « à bas Khamenei », « à bas le principe du guide suprême », « à bas l'oppresseur, qu'il soit chah ou mollah », et « ni monarchie ni théocratie, oui à la démocratie et à l'égalité ».

Le plan[19] en dix points présenté par Maryam Radjavi, la présidente élue du Conseil national de la Résistance iranienne, au Conseil européen de 2006, expose les plans du CNRI pour l'avenir de l'Iran.

La simple présentation ou annonce d'un programme ne signifie pas qu'il sera mis en œuvre à l'avenir. Mais une alternative crédible doit démontrer dans la pratique qu'elle est et continuera d'être attachée à ses plans. Un examen rapide des actions et de la conduite du CNRI au cours des 40 dernières années montre qu'il s'est engagé à respecter ce programme dans l'action et la pratique alors qu'il est resté dans l'opposition.

Par exemple, lorsque le CNRI parle d'égalité entre les hommes et les femmes dans son programme, il a mis en pratique une telle vision

---

[19] "Plan en 10 points pour l'Iran de demain. Maryam-Radjavi.
https://www.maryam-rajavi.com/fr/points-de-vue/plan-pour-liran-de-demain/

avant tout le monde. Environ 57% des membres du CNRI sont des femmes. La présidente élue est une femme et la principale organisation membre, l'OMPI, est dirigée par des femmes. Ou, lorsque le CNRI déclare croire dans un Iran non nucléaire, il a entrepris des actions et révélé les projets nucléaires des mollahs[20]. Ces révélations ont agi comme le principal obstacle pour empêcher le régime d'obtenir une bombe atomique.

De plus, pendant plus de quatre décennies de régime des mollahs, ce n'est un secret pour personne que la plupart des prisonniers politiques tués pendant la lutte pour la liberté sont affiliés à l'OMPI. Plus de 100.000 membres et sympathisants de cette organisation, dont 30.000 tués lors du massacre de prisonniers politiques de l'été 1988 [21], ont donné leur vie pour la résistance contre le régime des mollahs.

Le CNRI et le l'OMPI disposent d'un vaste réseau de sympathisants à travers le monde. Plus que tout autre groupe et de loin, ils ont mené des activités étendues pour informer le monde sur les graves violations des droits humains en Iran et pour obtenir le soutien de parlements et de personnalités politiques internationales en faveur du peuple iranien.

Parmi les activités du CNRI figurent l'organisation de centaines de réunions annuelles, de rassemblements et de manifestations, ainsi que la tenue de rassemblements annuels massifs - connus sous le nom de « Sommet mondial pour un Iran libre » [22] - auxquels participent plus de 100.000 personnes, dont des centaines de personnalités politiques de premier plan des États-Unis, du Canada, d'Europe, des pays arabes, d'Australie et d'autres pays. Dans leurs

---

[20] "Iran's Nuclear Weapons Program." Ncr-iran.
https://www.ncriran.org/en/news/inside-source-reports/iran-s-nuclear-weapons-program/.

[21] "Le massacre de 1988 de 30 000 prisonniers politiques en Iran - CNRI."
https://www.ncriran.org/en/1988-massacre-of-political-prisoners-in-iran/

[22] "Iran Liberation - NCRI." Ncr-iran. https://www.ncr-iran.org/en/publications/iranliberation/.

discours, ils expriment leur soutien au peuple iranien et à sa résistance. Le CNRI mène également de nombreuses activités et réunions avec des centaines de parlementaires et de personnalités politiques à travers le monde. Il ne s'agit là que d'un bref résumé des vastes activités menées par le CNRI et son réseau étendu de soutien à travers le monde.

Les résultats impressionnants de ces activités de grande envergure ont été la divulgation complète des crimes et des violations des droits humains du régime et la ratification de 69 résolutions de l'ONU condamnant les violations des droits humains en Iran ; les progrès de la campagne mondiale du Mouvement pour la justice en faveur des victimes du massacre des prisonniers politiques de 1988; le soutien de majorités dans les parlements nationaux des pays européens ; le soutien majoritaire à la Chambre des représentants et au Sénat américains ; et le soutien de milliers de personnalités politiques, de juristes, d'artistes, de lauréats du prix Nobel et de centaines d'organisations non gouvernementales de défense des droits humains, qui ont exprimé leur solidarité avec le peuple iranien et son mouvement de résistance.

Conclusion

Une alternative politique n'est pas quelque chose qui peut se créer du jour au lendemain. En tant qu'alternative viable, le CNRI s'est profondément enraciné au cours d'une bataille longue et ardue contre la tyrannie religieuse. C'est une coalition qui a défié le fascisme religieux, a développé une structure et une organisation, a créé un plan et a payé le prix de la résistance jour après jour. Durant toutes ces années tumultueuses, alors même que les conditions sont devenues plus difficiles, l'engagement et la persévérance du CNRI se sont renforcés. Il est resté fidèle à ses valeurs et à ce qu'il rejette comme autoritarisme et dictature, passés ou présents. Il est resté entièrement dédié aux principes et valeurs démocratiques et épris de liberté, protégeant ces idéaux des assauts de l'ennemi.

Le régime au pouvoir, quant à lui, essaie de présenter ses propres récits de manière cohérente, à la fois en rhétorique et en action. Récemment, l'adjoint du pouvoir judiciaire du régime a révélé qu'il n'y a pas une seule réunion avec les pays européens au cours de laquelle Téhéran ne soulève pas la question de la pression sur l'OMPI et la Résistance iranienne. Il a également mené une guerre psychologique massive et une campagne de diabolisation à travers le monde contre ce mouvement. Plus d'un millier de livres et des centaines de films et de séries télévisées ont été produits pour contrer cette alternative. De plus, au cours des 40 dernières années, les slogans de « Mort aux *Hypocrites* [OMPI] », n'ont cessé de résonner dans les réunions officielles du régime iranien ou ses prières du vendredi dans tout le pays, ou ses sessions parlementaires. Même un petit pourcentage de cette propagande n'est pas mené contre un autre mouvement.

Sans cette détermination acharnée à s'opposer au fascisme religieux à n'importe quel prix dans tous les aspects culturels, sociaux et politiques, le sort du peuple iranien aujourd'hui aurait été radicalement plus mauvais, notamment parce que le régime tyrannique et sanguinaire aurait assuré sa domination sans aucun concurrent sérieux sur le terrain.

L'histoire de ce mouvement de résistance, qui est jalonnée de chapitres critiques et de décisions à haut risque et lourdes de conséquences, a aujourd'hui amené le régime à un carrefour aussi vulnérable et bancal, défini par le désespoir face à un soulèvement et une alternative qui garantira la chute du régime et un avenir démocratique pour le peuple iranien. L'alternative présentée par la Résistance iranienne est désormais en position d'avancée maximale.

Les capacités et les compétences avérées du Conseil national de la Résistance iranienne au cours de sa lutte contre le régime des mollahs, ainsi que son succès dans la préservation de la culture de lutte et de liberté, signifient qu'une longue série de questions et de problèmes ayant une incidence sur le sort du peuple et la révolution ont leur solution dans cette alternative. L'existence de cette alternative et le renversement du régime garantiront la paix, la stabilité, l'unité et l'intégrité territoriale du pays d'une part, et les libertés et droits fondamentaux du peuple iranien, d'autre part. Cette unité et sa promesse se voient déjà dans les slogans scandés par le peuple iranien, notamment « de Zahedan à Téhéran, je sacrifie ma vie pour l'Iran » ou « du Kurdistan à Téhéran, je sacrifie ma vie pour l'Iran ».

Les tactiques du Régime

Par Struan Stevenson, Édimbourg, Écosse

Le soulèvement et sa longévité ont révélé la vulnérabilité intrinsèque du régime et son désespoir de mettre fin aux troubles ou du moins de réduire leur puissance. Au moment d'écrire ces lignes, ces manifestations sans précédent se sont propagées à au moins 280 villes. Plus de 700 personnes ont été tuées et plus de 30 000 ont été arrêtées par le régime. De manière significative, pratiquement tous les secteurs sociaux et démographiques ont exprimé leur opposition au régime d'une manière ou d'une autre, démontrant l'étendue géographique et la profondeur sociale de la frustration et du désenchantement total face au statu quo. Ces circonstances ont profondément ébranlé le régime, augmentant de façon exponentielle la probabilité de son renversement. Elles ont également braqué les projecteurs sur la principale alternative viable du régime, le Conseil national de la Résistance iranienne (CNRI) et son principal constituant, les Moudjahidine du peuple d'Iran (OMPI/MEK).

Nommer l'acteur principal

Au milieu des sombres réalités du régime iranien et des crises sociales, politiques et économiques qui ont alimenté les flammes de l'agitation, un élément critique a renforcé le soulèvement. L'opposition organisée, sous la forme de l'OMPI et en particulier de ses unités de résistance en Iran, a joué un rôle déterminant dans l'inspiration, la direction, le soutien logistique et la garantie de la persistance des manifestations. Un nombre croissant de responsables du régime et de médias sont conscients de cette réalité et ont publiquement mis en garde contre l'influence et la portée croissantes de l'OMPI et de ses unités de résistance, en particulier parmi la jeune génération et les femmes.

L'envoyé principal du guide suprême Ali Khamenei au sein du Corps des gardiens de la révolution islamique (CGRI) a déclaré en novembre que près de 50 des principaux « leaders » du soulèvement arrêtés étaient des sympathisants de l'OMPI [23]. Mostafa Pour-Mohammadi, membre de la commission de la mort du massacre de 1988 et ancien ministre de l'intérieur et de la justice, a admis en juillet 2019 : « Il n'y a pas eu un seul incident de destruction [contre le régime] au cours des 40 dernières années dans lequel l'OMPI n'a pas joué un rôle de premier plan. Nous n'avons pas encore réglé son compte à l'OMPI (...) Nous allons nous occuper de chacun d'entre eux. Nous ne plaisantons pas »[24].

L'expansion rapide des unités de résistance de l'OMPI est depuis longtemps sur le radar du régime. En 2019, le ministre du renseignement de l'époque, Mahmoud Alavi, rapportait : « Au cours de l'année écoulée, nous avons sévi contre 116 équipes ("unités de résistance") associées à l'OMPI »[25]. En mai 2019, le tribunal révolutionnaire de Téhéran a condamné à mort un militant de l'OMPI, Abdullah Ghassempour, tout en condamnant plusieurs autres à des peines de prison pour avoir soutenu le l'OMPI.[26]

À plusieurs reprises, une autorité aussi importante que le guide suprême Ali Khamenei a publiquement fustigé l'OMPI en tant que principal organisateur et leader des manifestations nationales. Par

---

[23] « 50 dirigeants des récentes émeutes étaient de l'OMPI », IRNA, 5 novembre 2022. https://www.irna.ir/news/84933222

[24] Entretien avec le site Mosalas, 24 juillet 2019. Transcription en anglais disponible sur https://www.ncr-iran.org/en/news/human-rights/top-iran-official-defends-1988massacre-vows-to-exterminate- le-mek/

[25] "Iran's Intelligence Minister Boasts of Wide-Ranging Successes." Radio Farda, 20 avril 2019. https://en.radiofarda.com/a/iran-s-intelligence-minister-boasts-of-wideranging-successes/29892972.html

[26] "Four Prisoners of Evin Prison Sentenced to Death and Imprisonment." HRANA, 22 mai 2019. https://www.en-hrana.org/four-prisoners-of-the-evin-prison-weresentenced-to-death-and-imprisonment

exemple, au milieu des manifestations en 2020, Khamenei a critiqué l'Albanie pour avoir accueilli l'OMPI et a déclaré dans un discours télévisé que ce pays « petit et sinistre » [27] abrite désormais des milliers de membres « traîtres » de l'OMPI responsables des troubles en Iran.

Khamenei avait ajouté que l'OMPI « a élaboré des plans » pour mener les manifestations nationales en novembre 2019. Lors des manifestations de décembre 2017, Khamenei avait également reconnu ce rôle de premier plan en déclarant : « L'OMPI s'était préparé à cette manifestation il y a des mois (…) Le média de l'OMPI l'avait proclamé. » [28]

Tous les chemins mènent à un changement de régime

Il y a une raison pour laquelle les plus hauts responsables du régime et les agences de sécurité se sont concentrés si intensément sur l'OMPI et ses activités élargies. Au cours des 40 dernières années, l'organisation a été le premier et seul mouvement d'opposition sérieux appelant au renversement de toute la théocratie et plaidant pour un changement de régime par peuple iranien. Cela a été la stratégie constante de l'OMPI depuis juin 1981, lorsque les dirigeants cléricaux ont massacré des milliers de partisans de l'OMPI dans les rues d'Iran, ne laissant d'autre choix légitime que d'appeler au renversement complet de la théocratie.

Le soulèvement de 2022 a montré sans équivoque que la stratégie de l'OMPI était effectivement correcte et que toutes les autres options proposées, comme la « désobéissance civile » et l'induction d'un vague changement de comportement au sein du régime,

---

[27] "Albanian Leaders Dismiss Khamenei's Purported 'Sinister' Smear." Radio Free Europe Radio Liberty, 9 janvier 2020. https://www.rferl.org/a/albanian-leadersdismiss-khamenei-s-purported-sinister-smear/30368335.html

[28] Site officiel du guide suprême Ali Khamenei, 9 janvier 2018. http://english.khamenei.ir/news/5394/Recent-damage-inflicted-on-Iran-by-U-S-willgain-a-response

étaient aussi inefficaces que futiles. Ce n'est qu'en s'alignant sur la stratégie déployée par l'OMPI et les unités de résistance que d'autres options peuvent s'avérer efficaces. Aujourd'hui, les jeunes dans les rues de Téhéran et des villes d'Iran appellent au renversement complet du régime, attestant de la légitimité et de l'efficacité des slogans et des stratégies de l'OMPI ces quatre dernières décennies. Conformément au message de l'OMPI, les manifestants appellent au changement de régime et à la démocratie, rejetant explicitement à la fois la monarchie précédente et la théocratie actuelle.

Tactiques de diversion

Cela explique pourquoi le régime considère l'OMPI et la coalition du CNRI comme des menaces existentielles. Téhéran s'est engagé dans des tactiques à multiples facettes contre le mouvement de résistance organisé pour l'affaiblir, le marginaliser et finalement le détruire.

D'une part, lors de précédents soulèvements, le VEVAK a tenté de promouvoir le slogan « Reza chah, que votre âme repose en paix » pour véhiculer l'idée que les manifestants sont enclins à soutenir un retour à la monarchie. Ce faisant, le régime a cherché à démoraliser les manifestants en plaidant pour la dictature précédente. Mais la tentative a rapidement échoué. Des séquences vidéo de scènes de manifestations, par exemple à Ispahan, montraient des images de manifestants dénonçant ceux qui scandaient des slogans comme des miliciens du Bassidj. En même temps, des témoins oculaires ont également mis à mal ce plan. Par exemple, Hashem Khastar, un représentant du syndicat des enseignants qui a passé beaucoup de temps en prison à Machhad, a attiré l'attention sur les tentatives du VEVAK de mettre en avant la monarchie aux dépens de l'OMPI. Il a écrit :

« Il y a une mer de sang qui sépare le régime de l'OMPI. Tout le monde sait que le plus grand ennemi du régime est l'OMPI parce qu'elle a une efficacité organisationnelle à toute épreuve et comme l'ont admis les dirigeants du régime, l'OMPI est impliquée dans toutes les manifestations. Au contraire, les forces affiliées aux monarchistes sont incroyablement éparpillées et inorganisées. Par conséquent, le régime tente d'inciter les dissidents à se diriger vers le camp des monarchistes. Entre-temps, il a infiltré leurs rangs, avec des agents qui expriment leur soutien à la monarchie et attaquent le régime, tout en attaquant également l'OMPI. En d'autres termes, ils identifient l'ennemi principal comme étant l'OMPI plutôt que la République islamique. Pour faire passer ces individus pour des opposants crédibles, certains d'entre eux peuvent même être emprisonnés pendant un certain temps, afin d'acquérir un statut et un filet de sécurité plus acceptables, et de faire avancer plus efficacement leur mission. D'autres peuvent tomber involontairement dans le piège des agents de renseignement et considèrent l'OMPI, plutôt que le régime, comme l'ennemi principal. »[29]

Il a également écrit dans un message sur le média social Telegram : « En avril 2018, lorsque les agents du renseignement ont fait une descente dans mon jardin, ils m'ont demandé pourquoi je ne travaillais pas avec le prince héritier Reza Pahlavi ? Voulez-vous qu'on l'appelle sur son portable pour que vous lui parliez ? J'ai dit non. »[30]

Le mythe du « comme la Syrie »

Le régime tente également de ralentir la portée sociale croissante de l'OMPI en causant des déviations par rapport aux objectifs principaux et aux messages essentiels des protestations. Pour ce faire, il tente de déformer la réalité, de diffuser de fausses nouvelles et de fabriquer un récit dominant défavorable aux manifestants. Téhéran a promu le message que s'il devait être renversé, l'Iran risquerait de devenir comme la Syrie ou le Liban, surtout compte

---

[29] https://www.balatarin.com/permlink/2019/7/22/5139363
[30] https://www.balatarin.com/permlink/2019/7/30/5143336

tenu des nombreux groupes ethniques et religieux qui composent le pays. « Guerre civile », « briser l'Iran en morceaux » et « mettre en péril l'intégrité territoriale de l'Iran » sont des mots codés utilisés par le régime à la fois pour décourager de nouveaux actes de protestation et pour légitimer la répression de ceux en cours.

Le 31 octobre 2022, par exemple, l'agence de presse officielle IRNA a cité le ministre des Affaires étrangères du régime disant que des entités étrangères « complotaient une guerre civile en Iran » et a souligné que « l'intégrité territoriale » de l'Iran était en danger en raison des manifestations à l'échelle nationale. Le 18 novembre, un commandant supérieur du CGRI, Majid Arjomandfar, a également souligné les « tentatives renouvelées des ennemis pour briser l'Iran islamique et semer les graines de l'insécurité »[31]. Le quotidien Kayhan, proche du guide suprême du régime Ali Khamenei, a déclaré le 26 novembre en pointant du doigt les manifestations : « L'ennemi veut plus d'effusion de sang pour maintenir le pays dans les circonstances d'urgence et finalement pousser l'Iran vers la guerre civile. » Et le 23 novembre, l'adjoint politique du CGRI a déclaré que « l'ennemi » avait mené les récentes « émeutes » afin de « créer un scénario syrien » en Iran[32].

Mais en Iran, les manifestations nationales en cours englobent l'ensemble des classes, sexes, ethnies et croyances religieuses. Des slogans allant du Kurdistan à l'ouest, au Sistan-Baloutchistan à l'est, montrent qu'il ne s'agit pas d'une bataille entre ethnies ou groupes religieux. Elle n'oppose pas une majorité sociale ou politique à une minorité ou vice versa. Au contraire, pratiquement tout le monde se rallie autour des slogans de « à bas Khamenei » et « à bas l'oppresseur, qu'il soit chah ou mollah » (traçant la voie vers une république démocratique). Par conséquent, les hyperboles du régime dans ce cas sont de la pure fiction simplement conçue pour se maintenir au pouvoir le plus longtemps possible.

---

[31] https://www.hamshahrionline.ir/news/720997
[32] https://www.hamshahrionline.ir/news/720997

Partout en Iran, de Téhéran, Ispahan et Machad, en passant par l'Azerbaïdjan, Zahedan et d'autres villes du Baloutchistan, et les villes kurdes, retentissent des slogans tels que « du Baloutchistan à Téhéran, je sacrifie ma vie pour l'Iran » ou « du Kurdistan à Téhéran, je sacrifie ma vie pour l'Iran ». Par conséquent, il est clair que la progression du soulèvement et de la révolution contre l'ensemble du régime conduit à de nouvelles expressions d'unité et de solidarité entre les minorités iraniennes.

Diabolisation

Une autre tentative du régime pour affronter l'OMPI est de diaboliser, délégitimer et invalider strictement l'ensemble du mouvement de résistance à l'intérieur et à l'extérieur de l'Iran. Cette diffamation sophistiquée est à multiples facettes, inexorable, bien financée et étendue en tant que politique d'État. Elle s'appuie sur des messages et des récits fabriqués et bien orchestrés promus par d' « anciens membres » de l'OMPI, des commentaires guidés par de faux « opposants » au régime et par la cyber-armée bourgeonnante de Téhéran dans le monde virtuel.

Pendant des années, le régime a employé les services de soi-disant anciens membres de l'OMPI qui ont fait défection il y a des années ou des décennies. Selon un rapport[33] de la Bibliothèque du Congrès des États-Unis en décembre 2012 : « De 1990 à 1993, le ministère du Renseignement et de la Sécurité du régime iranien (VEVAK) a recruté d'anciens membres des Moudjahidin-e-Khalq (MEK) - également connus sous le nom de Moudjahidine du peuple du Iran (OMPI) ou MKO - en Europe et les a utilisés pour lancer une campagne de désinformation contre l'OMPI. Le gouvernement

---

[33] « Iran's Ministry of Intelligence and Security : A Profile », rapport préparé par la Division fédérale de la recherche, bibliothèque du Congrès, dans le cadre d'un accord inter institutions avec le programme de soutien à la guerre irrégulière du Bureau d'assistance technique à la lutte contre le terrorisme, décembre 2012.
https://irp.fas.org/world/iran/mois-loc.pdf

iranien et son appareil de renseignement considèrent l'OMPI comme l'organisation dissidente la plus sérieuse en ce qui concerne la révolution ». Le rapport ajoute : « Ali Younesi, l'ancien ministre du renseignement et de la sécurité, a rapporté à la télévision d'État en octobre 2004 que le département de la désinformation du ministère avait embauché des milliers d'agents, dont certains anciens membres du MEK, pour renforcer la fonction du département ».[34]

Le rapport attire l'attention sur deux cas clairs concernant ces soi-disant « anciens membres du MEK », publiant leurs photos et révélant la politique du VEVAK à cet égard : « Le recrutement d'un sujet britannique, Anne Singleton, et de son mari iranien, Masoud Khodabandeh, fournit un exemple pertinent de la manière dont le VEVAK contraint les non-Iraniens à coopérer. Elle a travaillé avec le MEK à la fin des années 1980, Masoud Khodabandeh et son frère Ibrahim étaient tous deux membres du MEK à l'époque. En 1996 Massoud Khodabandeh a décidé de quitter l'organisation. Plus tard, il a épousé Anne Singleton. Peu de temps après leur mariage, le VEVAK les a forcés à coopérer en menaçant de confisquer les vastes propriétés de la mère de Khodabandeh à Téhéran. Singleton et Khodabandeh ont alors accepté de travailler pour le VEVAK et d'espionner le MEK. »[35]

Les responsables de la justice et de la sécurité en Europe ont montré, sur la base de preuves concrètes, que ces « anciens membres » sont impliqués dans des activités malveillantes et de désinformation contre l'OMPI strictement guidés par les organes terroristes et de renseignement du régime. Par exemple, le chef de la police albanaise a annoncé en octobre 2019 le démantèlement d'un réseau terroriste contrôlé par le régime qui avait l'intention de nuire à l'OMPI et à ses membres[36]. Il a déclaré qu'Alireza Naghashzadeh, un agent du ministère iranien du renseignement et de la sécurité (VEVAK), était impliqué dans cette opération terroriste. Naghashzadeh s'identifie

---

[34] Ibid, pp : 1, 27
[35] Ibid. p. 27
[36] https://apnews.com/article/e785b07e18fb4648bf6a540b9ea6c1fe

comme un « ancien membre » de l'OMPI. En avril 2016, les autorités allemandes ont arrêté Meysam Panahi, qui prétendait être un ancien membre de l'OMPI, pour avoir espionné cette organisation et le CNRI [37]. Il a été condamné à plus de deux ans de prison. La procédure judiciaire a révélé que Panahi opérait sous les ordres d'un officier supérieur du renseignement basé à Téhéran et identifié comme Sajjad.

En 2022, les médias albanais ont rapporté que les autorités avaient arrêté et interrogé 20 ressortissants iraniens qui espionnaient pour le compte des services de renseignement du régime [38]. Ces individus ont été accusés d'avoir « reçu de l'argent des services secrets iraniens, de la Force Qods et du CGRI pour obtenir des informations sur l'OMPI en Albanie ». Ce réseau était composé d' « anciens membres » de l'OMPI recrutés par les services de renseignement du régime. Fait révélateur, le réseau anti-OMPI, dirigé depuis Téhéran et installé en Albanie, a pu duper ou manipuler une dizaine de journalistes de médias tels que *The Guardian*, *Foreign Policy*, *The Independent*, *Der Spiegel*, *MSNBC*, et même la *BBC* et le *New York Times,* ainsi que d'autres, pour publier des accusations désobligeantes et farfelues contre l'OMPI.

La règle du 80/20

L'autre méthode du régime pour diaboliser l'OMPI consiste à utiliser des individus qui s'identifient comme des « opposants », pour la critiquer. Conscient du fait que sa propre propagande contre l'OMPI aurait peu de chances, voire aucune, de réussir à saper la réputation internationale de la Résistance, Téhéran a conçu ce qui est communément connu au sein de la diaspora iranienne comme la

---

[37]   https://www.dw.com/en/germany-charges-two-for-spying-on-irans-mek-onbehalf-of-iranian-intelligence/a-19175147
[38]   https://www.voxnews.al/english/aktualitet/dyshime-per-spiunazh-spakkontrolle-ne-banesat-e-ish-anetareve-te-mek-i14299

règle du 80/20 pour ceux qui recherchent ses faveurs [39]. Cette tactique signifie que les soi-disant « opposants » concentrent 80 % de leurs critiques sur l'évident et l'inévitable, y compris des critiques légères ou implicites du régime, afin d'établir leur crédibilité. Ils ciblent ensuite l'OMPI avec les vingt pour cent du temps qui reste, faisant avancer la ligne de propagande de Téhéran. Cette tactique vise à donner une certaine crédibilité à la propagande contre l'OMPI, soi-disant parce qu'elle vient de ceux qui, à première vue, ne peuvent être rejetés comme des agents du régime.

Un exemple est Mehrdad Arefani. Condamné par un tribunal belge à une peine de 17 ans d'emprisonnement en février 2021 pour son rôle dans la tentative d'attentat à la bombe contre le rassemblement annuel du CNRI en 2018, Arefani a commencé à coopérer avec le régime alors qu'il était en prison en Iran. Il a ensuite été envoyé en Europe. Il se revendique poète, militant des droits de l'homme et même athée pour se distancier du régime. Il a même lancé une campagne contre les Iraniens de la diaspora se rendant l'Iran pour gagner du crédit en tant qu'opposant au régime. Il a prétendu être un sympathisant politique de l'OMPI et a agi en tant que cellule dormante et agent de renseignement du régime pendant près de 18 ans. Dans un rapport à un tribunal belge, la Sûreté de l'État de ce pays a écrit : « Le VEVAK (continue de dépeindre l'opposition sous un jour négatif et les décrit comme des terroristes. Le VEVAK est particulièrement actif dans la campagne anti-MEK (Moujahidin-e Khalq, groupe d'opposition iranien) au Parlement européen. »

L'objectif ultime de la campagne de diabolisation et de diffamation du régime est de préparer le terrain à l'exécution de complots terroristes contre la Résistance iranienne. Arefani, par exemple, avait mené toutes ses activités et préparatifs comme base d'un complot terroriste à grande échelle.

---

[39]   https://www.tabletmag.com/sections/israel-middle-east/articles/new-york-timesiran-erdbrink

La cyber-armée

Enfin, le régime utilise ses vastes ressources pour déployer une cyber-armée comme un autre volet de sa campagne de diabolisation contre l'OMPI. Selon un rapport du Centre d'études stratégiques et internationales du 25 juin 2019 [40], trois organisations militaires jouaient un rôle de premier plan dans les cyber-opérations : « le corps des gardiens de la révolution iraniens (CGRI), le Bassidj et l'Organisation de défense passive (NPDO) iranienne ».

Dans un aveu frappant en mai 2022, Rouhollah Momen Nasab, un ancien commandant de la cyber-armée de Téhéran, a donné un aperçu de ses opérations en déclarant : « Nous avons créé de nouveaux comptes sur Twitter, en utilisant l'image d'autres influenceurs de Twitter qui étaient principalement des militants contre-révolutionnaires. Les nôtres différaient juste en un seul personnage qui était assez similaire au vrai. Nous avons utilisé la même image et le même nom, mais tout était faux. Une fois créés, nous avons commencé nos activités.[41] »

Le 4 novembre 2019, le régime a publié de fausses histoires sur l'OMPI. Il a utilisé un faux compte Twitter d'Alexis Kohler [42], secrétaire général du cabinet du président français Emmanuel Macron à l'Elysée, affirmant que « le secrétaire général de la présidence française a annoncé que les Moudjahidine du peuple (OMPI/MEK) seront bientôt chassés de France ». Le lendemain, l'Élysée a démenti cette déclaration, ajoutant que le haut fonctionnaire n'avait même pas de compte Twitter.

Le 10 décembre 2020, *Treadstone 71*, une société de cyber-renseignement indépendante basée en Californie, a publié les détails d'une opération d'influence iranienne [43]. Elle a déclaré : « Les

---

[40] https://www.csis.org/analysis/iran-and-cyber-power
[41] https://twitter.com/i/status/1508774815599153152
[42]   https://www.ncr-iran.org/fr/communiques-cnri/international/iran-nouveau-cyberscandale-du-regime-des-mollahs/
[43]   https://www.ifmat.org/12/10/treadstone-releases-intelligence-advisory-iranianinfluence-operations/

unités cybernétiques du CGRI ont déclenché les membres de l'équipe centrale avec une précision militaire pour viser la conférence en ligne annuelle du Conseil national de la Résistance iranienne (CNRI). Le CGRI, le VEVAK et les unités cybernétiques de bas niveau de la milice du Bassidj ont inondé Twitter de près de cent douze mille tweets pendant soixante heures en utilisant des hashtags et du contenu visant à contrôler le récit des médias sociaux. »

Plus récemment, en septembre 2022, Microsoft a été chargé d'enquêter sur une cyberattaque destructrice contre le gouvernement albanais à la mi-juillet. Le géant de la technologie a déclaré dans un rapport : « La messagerie, le moment et la sélection des cibles des cyberattaques ont renforcé notre assurance dans le fait que les attaquants agissaient au nom du gouvernement iranien. »[44] Microsoft a ajouté : « Avant la cyberattaque, le 6 juin, Ebrahim Khodabandeh, un ancien membre mécontent du MEK, a publié une lettre ouverte adressée au Premier ministre albanais Edi Rama avertissant des conséquences de l'escalade des tensions avec l'Iran. Invoquant le "piratage des systèmes municipaux de Téhéran" et des "stations-service", Khodabandeh a affirmé que le MEK était à l'origine d'"actes de sabotage contre les intérêts du peuple iranien" et a soutenu que ceux-ci constituaient "l'œuvre hostile de votre gouvernement" et a causé "une inimitié évidente avec la nation iranienne [sic]". »

Le rapport complet et détaillé de Microsoft déclare également : « En mai 2021, à peu près au même moment où les acteurs iraniens ont commencé leur intrusion dans les systèmes visés du gouvernement albanais, des comptes ont été créés sur Facebook et Twitter pour deux personnages anti-OMPI, qui ne semblent pas correspondre à des personnes réelles. Les comptes publient en grande partie du contenu anti-OMPI et interagissent avec les comptes de médias sociaux de certains des individus décrits ci-dessus. Ces deux

---

[44] https://www.microsoft.com/en-us/security/blog/2022/09/08/microsoftinvestigates-iranian-attacks-against-the-albanian-government/

comptes, ainsi qu'un troisième plus ancien, ont été parmi les premiers à promouvoir les messages à partir des comptes de *Homeland Justice* sur Twitter, et tous les trois ont considérablement augmenté le taux de messages anti-OMPI après que la cyberattaque de la mi-juillet 2022 soit devenue publique. »

Maintenant que le rôle instrumental et croissant de l'OMPI et de ses unités de résistance est devenu une menace croissante pour le régime, Téhéran s'est davantage concentré sur sa campagne de diabolisation contre le mouvement. Les attaques et les mensonges persistants et systématiques contre l'OMPI sont essentiels pour le régime. Notamment parce que l'OMPI joue un rôle de premier plan dans l'organisation des manifestations. De plus, les mollahs sont parfaitement conscients que l'OMPI et le Conseil national de la Résistance iranienne (CNRI) sont les alternatives les plus viables à leur régime. Au cours d'un soulèvement national sans précédent, le régime affaibli et désespéré utilise tous les moyens à sa disposition, y compris des « ex-membres », des « dissidents » et une cyber-armée pour contrer la popularité croissante et les prouesses organisationnelles de l'OMPI dans l'espoir de contrer la marée montante du soulèvement.

Le rôle de la communauté internationale

Par Robert Torricelli, Lambertville, New Jersey, USA

Le soulèvement du peuple iranien, qui a éclaté le 16 septembre 2022, a une fois de plus placé la crise iranienne à la une de la presse internationale. Les filles et les femmes ont défié le système établi, faisant preuve d'un courage sans précédent. En quelques heures, les protestations contre le meurtre d'une jeune femme se sont transformées en soulèvement contre l'ensemble du régime, se propageant dans tout le pays.

Le monde est confronté à de nouvelles réalités en Iran, qui accentuent l'impératif de modifier la politique internationale à son égard. Ce qu'il faut, c'est une refonte en profondeur. Le temps pour un tel changement est maintenant, pas dans un an ou six mois ou même un mois à partir de maintenant. Ce changement est attendu depuis longtemps.

L'adage de William Shakespeare : « Ce qui est passé est un prologue » peut être instructif ici. Lorsque le président Jimmy Carter s'est adressé au chah à Téhéran le 31 décembre 1977, proclamant que « l'Iran, en raison du grand leadership du chah, est un îlot de stabilité dans l'une des régions les plus troublées du monde », il ne pouvait imaginer qu'exactement un an plus tard, en janvier 1978, le chah serait contraint de fuir le pays et qu'en février, la monarchie serait définitivement renversée. Même à l'automne 1978, les analystes de la CIA estimaient que l'Iran n'était « ni au stade révolutionnaire ni même au stade prérévolutionnaire ». Ce genre d'évaluations a fait surface alors que les États-Unis avaient une ambassade à Téhéran et que plus de 50 000 Américains opéraient à divers titres à travers le pays.

De même, en 2022, le soulèvement a pris par surprise les gouvernements et les analystes occidentaux. La vision conventionnelle dans les capitales occidentales est que le régime des ayatollahs est pratiquement invincible et la perspective d'un changement de régime est inconcevable.

Une telle pensée a servi de fondement à la politique occidentale envers l'Iran pendant de nombreuses années. Sur cette base, le seul moyen efficace de traiter avec le régime était de le cajoler et de transiger avec lui. Ironiquement, plus le régime des mollahs intensifiait sa répression à l'intérieur de l'Iran et son exportation du terrorisme et de l'insécurité à l'étranger, plus l'Occident cherchait à lui complaire.

En novembre 1979, pour la première fois dans l'histoire moderne, le gouvernement d'un pays a pris en otage les diplomates d'un autre. Quelque 52 diplomates et ressortissants étrangers ont été retenus en otage pendant 444 jours par le régime iranien. Il a affirmé que les preneurs d'otages étaient des étudiants, mais ils étaient en fait des « Partisans de l'imam », le parti politique du Guide suprême.

Au cours des années suivantes, d'autres actions malveillantes ont été menées par le régime. Outre les assassinats d'opposants, les atrocités comprennent : le meurtre de 241 marines américains et de 58 soldats français et de six civils de maintien de la paix au Liban en octobre 1983 ; la prise d'otages de ressortissants occidentaux au Liban ; les attentats terroristes à la bombe en Europe tout au long des années 1980 ; les attentats à la bombe dans les pays arabes, en Afrique et en Amérique latine dans les années 1990 ; et l'horrible attentat à la bombe contre les tours Khobar en Arabie saoudite en juin 1996, qui a causé 19 morts et près de 500 blessés Américains. Le terrorisme continu du régime iranien, ainsi que son ingérence violente au Moyen-Orient, aujourd'hui comme par le passé, n'ont rencontré aucune contre-mesure sérieuse de la part de l'Occident. Plus troublant encore, l'Occident a fourni des efforts conscients pour dissimuler ou minimiser le rôle du régime iranien dans les actes de terrorisme.

Le 10 avril 1997, après qu'un tribunal allemand ait explicitement souligné le rôle des plus hauts responsables du régime iranien dans le meurtre de quatre opposants au restaurant Mykonos à Berlin, les membres de l'Union européenne ont rappelé leurs ambassadeurs de Téhéran, et l'UE a annoncé qu'elle ne permettrait pas aux agents de renseignement du régime iranien de mettre le pied sur le sol européen. Mais même cette politique timide n'a pas duré longtemps, les relations normales et les concessions au régime reprenant en novembre de la même année. La politique occidentale ne s'est pas améliorée.

En 2018, les services de sécurité de Belgique, d'Allemagne, de France et du Luxembourg, dans une opération conjointe, ont neutralisé un complot d'attentat contre le rassemblement annuel du Conseil national de la Résistance (CNRI) qui se déroulait en banlieue parisienne. Supervisé par Assadollah Assadi [45], un diplomate iranien de haut rang en poste dans un pays de l'UE, le plan du régime était de faire exploser une bombe au cœur de l'Europe, lors d'un rassemblement auquel assistaient des dizaines de milliers d'Iraniens ordinaires ainsi que d'éminents dignitaires des pays occidentaux.

En réponse, l'Union européenne s'est contentée d'inscrire deux responsables du régime sur la liste des terroristes sans prendre aucune mesure concrète ou significative contre le régime dans son ensemble. Même après que le tribunal d'Anvers a condamné le diplomate à 20 ans et ses trois complices à 17 et 18 ans de prison, et même après que des documents et des preuves présentés au tribunal aient montré que la bombe avait été amenée en Europe dans une valise diplomatique depuis l'Iran, l'Union européenne s'est encore abstenue de prendre des mesures concrètes. Apparemment, le régime iranien jouit d'une immunité politique complète en Occident.

---

[45] https://www.ncr-iran.org/en/iran-regime-diplomacy-of-terror/

Les justifications de la complaisance

Les gouvernements occidentaux nieraient bien sûr avoir une politique de complaisance envers l'Iran. Au lieu de cela, en public, la politique est rationalisée par l'affirmation qu'il existe une faction modérée au sein du régime qui peut être la source d'un changement positif, bien que graduel, dans le comportement du régime. Chaque président, sauf un, a été présenté comme un opposant discret au Guide suprême. Face aux liens étroits du président Mahmoud Ahmadinejad avec le Guide suprême, une nouvelle logique a émergé : les avantages pour l'Occident de parvenir à un accord sur le programme nucléaire iranien l'emporteraient sur d'autres considérations. Convenu sous la présidence d'Hassan Rohani, l'Occident a salué comme une grande réussite l'accord nucléaire officiellement connu sous le nom de Plan d'action global conjoint (JCPOA). Dans le même temps, l'Occident avance que son inaction contre le terrorisme iranien était en fait une politique visant à maintenir les « extrémistes » du régime aux abois par le rapprochement. Les opposants à la politique ont été qualifiés de « bellicistes ».

L'affirmation de l'Occident selon laquelle une faction modérée existait a été complètement minée par les manifestations en Iran depuis 2017 : le peuple iranien a scandé, « réformateurs, radicaux, le jeu est maintenant terminé ». Lors du soulèvement actuel, la population a montré qu'elle méprisait autant les prétendus « réformateurs » que les « extrémistes », reprochant aux premiers d'avoir longtemps joué le rôle de soupape de sécurité du régime. Même Mohammad Khatami, salué en Occident comme le plus modéré de tous les présidents iraniens, a exprimé son soutien à la politique du régime de réprimer le soulèvement.

Une autre justification avancée par l'Occident était que le changement de régime était impossible dans le contexte de la puissance militaire de l'Iran. La présence du corps des gardiens de la révolution islamique (CGRI) en particulier n'a laissé au peuple aucune possibilité de changement. Ainsi, selon le raisonnement, la seule option était d'attendre une réforme de l'intérieur du régime.

Ce genre de raisonnement trouve son parallèle dans les années 1970 lorsqu'on prétendait que la force de l'armée protégeait le chah.

Le CGRI sera aux côtés de Khamenei jusqu'au bout. Cependant, aucune force militaire, quelle que soit sa puissance, ne peut résister à la détermination de sa propre population. Dans tous les cas, le CGRI est rongé par la corruption et, face au soulèvement, par la désillusion, en particulier dans ses rangs de niveau intermédiaire et inférieur.

Encore un autre raisonnement de la politique occidentale envers l'Iran est que le pouvoir a une base sociale stable parmi les classes inférieures de la société. Cette perception a éclaté en novembre 2019 avec le soulèvement des classes populaires. À cette époque, les manifestants ont incendié des milliers de centres affiliés au pouvoir. Il s'agissait des personnes les plus « défavorisées » que le régime avait revendiquées comme son principal électorat. Bien sûr, Khamenei a réprimé le soulèvement en tuant 1500 personnes. Mais le monde a clairement constaté la dissolution de la base du régime dans les classes défavorisées.

La dernière justification de l'Occident est qu'ayant renversé un tyran - le chah - en quête de la démocratie et ayant été récompensé par une autre tyrannie, le peuple iranien ne souhaite pas une autre révolution. Le soulèvement actuel invalide cet argument. Les manifestants crient : « ce n'est plus une protestation, c'est une révolution ».

Derrière les logiques se cachent certes des intérêts politiques et économiques, mais il convient également d'examiner le fonctionnement sophistiqué du lobby du régime en Occident. Des individus travaillant sous le couvert de chercheurs et d'universitaires ont promu l'idée qu'il y a des éléments modérés à l'intérieur du régime. Des projets de recherche apparemment indépendants ont été financés par des éléments affiliés au régime iranien. De nombreuses universités aux États-Unis ont reçu ce genre d'aide financière de la Fondation Alavi. L'Iran a également organisé des lobbies professionnels, comme le NIAC aux États-Unis, qui est largement méprisé par les Iraniens.

Le chainon manquant

Le chaînon manquant dans la politique occidentale, et surtout américaine, envers l'Iran a été l'incapacité à écouter la voix du peuple iranien et de l'opposition démocratique. Cela répète l'erreur commise à l'époque du chah.

Pire, non seulement les gouvernements occidentaux n'ont pas écouté la voix du peuple, mais pour complaire aux mollahs, la principale opposition, l'OMPI, a été classée comme organisation terroriste - par les États-Unis en 1997 à la demande du régime. Le Royaume-Uni et l'Union européenne leur ont emboîté le pas quelques années plus tard. Après une longue bataille juridique, la Cour d'appel du Royaume-Uni, la Cour de justice de l'Union européenne et enfin la Cour d'appel du District de Columbia aux États-Unis ont radié l'OMPI, témoignant de la légitimité de l'organisation. Cependant, cette politique a eu des impacts graves et durables.

Moins de deux semaines après l'inscription sur la liste noire de l'OMPI aux États-Unis, j'ai écrit ce qui suit au président Clinton :

« Je vous écris pour attirer votre attention sur une grave erreur de politique en cours. Le 8 octobre 1997, la Secrétaire d'Etat Albright a publié une liste de 30 groupes désignés comme organisations terroristes étrangères. Sur cette liste figuraient de nombreux groupes qui méritaient une telle désignation. L'un d'entre eux qui ne le méritait pas était l'Organisation des Moudjahidine du peuple d'Iran (OMPI). »

« Notre pays est né de la résistance à l'oppression. Certes, notre politique étrangère dans sa lutte contre le terrorisme peut faire la distinction entre les mouvements politiques qui luttent pour préserver leurs valeurs et s'opposer aux régimes tyranniques et ceux qui ciblent des civils innocents. J'ai examiné personnellement les renseignements prétendant justifier la désignation de l'OMPI comme terroriste et je les trouve peu convaincants. »

J'ai ajouté : « En désignant l'OMPI comme groupe terroriste, un "haut responsable de l'administration Clinton" anonyme, cité dans le *Los Angeles Times*, a qualifié la décision d'inclure l'OMPI dans la liste des groupes classifiés [terroristes] comme "un geste de bonne volonté envers Téhéran et son président modéré nouvellement élu, Mohammad Khatami". »

« Quel que soit le message que vous entendiez envoyer à Téhéran, celui qui a été reçu est que le régime voit justifier sa politique meurtrière envers son propre peuple et ses voisins de la région. Le régime iranien a applaudi la désignation par les États-Unis de sa principale opposition en tant que terroristes, mais ne changera pas son comportement en réponse à notre "geste de bonne volonté". »

Et je concluais en évoquant les répercussions négatives de la décision pour les alliés européens : « nos alliés en Europe, déjà désireux de sacrifier les principes au profit, verront aussi dans ces récentes décisions la preuve d'une duplicité cynique de la politique américaine : chercher à bloquer leurs transactions économiques avec l'Iran tout en préparant la voie pour les nôtres. »

Cette politique a été préjudiciable non seulement au peuple iranien mais aussi à notre sécurité nationale. Cette politique erronée, qui a également été adoptée par l'Europe, a effectivement verrouillé le levier le plus important pour le changement en Iran, l'opposition organisée, pendant de nombreuses années. Elle a préparé le terrain à la campagne de propagande du régime iranien et de ses lobbies. Les tactiques des mollahs étaient complexes, mais en même temps faciles à comprendre. Les tentatives tournaient autour du discrédit de l'opposition organisée afin de faire croire aux gouvernements occidentaux qu'en l'absence d'alternative viable et démocratique, la *realpolitik* dicte qu'ils doivent simplement composer avec ce régime. En mettant l'OMPI sur liste noire, les pays occidentaux ont facilité et permis la réalisation des objectifs fondamentaux du régime.

Une nouvelle politique ?

Quelle devrait être la nouvelle politique ? Le soulèvement du peuple iranien ces derniers mois ne laisse aucun doute qu'il faut abandonner la politique dominante du passé. L'Amérique et les pays européens ont condamné le régime iranien et exprimé leur sympathie aux manifestants. Au-delà, à l'initiative de l'Allemagne et de l'Islande, le Conseil des droits de l'homme des Nations unies a approuvé la formation d'une commission d'enquête sur la détérioration de la situation des droits humains en Iran. Les États-Unis et certains autres pays occidentaux ont cherché et réussi à expulser l'Iran de la Commission des Nations Unies sur le statut de la femme. Des responsables européens et américains ont tenu des rencontres symboliques avec plusieurs militants de la société civile iranienne à l'étranger. L'ensemble de ces mesures représente des pas positifs, mais l'Occident semble encore hésitant à aborder le point focal de la bonne politique envers l'Iran. Ce qu'il faut, ce n'est pas simplement réformer la politique actuelle, mais la refondre entièrement.

Une action militaire de l'Occident n'est pas nécessaire, ni son ingérence dans les affaires intérieures de l'Iran. Le soulèvement du peuple iranien au cours des trois derniers mois a montré que, contrairement à l'idée posée depuis de nombreuses années en Occident, le peuple iranien est à la fois désireux et capable de changer de régime parce qu'il a prouvé qu'il est prêt à en payer le prix pour changer.

Les États-Unis et à mon avis l'Europe doivent fondamentalement changer leur politique à deux égards. Le premier est de changer la nature de leur relation avec le régime. L'idée de compromis et d'entente avec ce régime doit être abandonnée une fois pour toutes. Une pression limitée dans le faux espoir d'inciter le régime iranien à changer de comportement continue de jeter une ombre sur la politique occidentale envers l'Iran. C'est pourquoi la politique actuelle s'appuie sur la rhétorique et/ou sur des actions symboliques lorsqu'il s'agit de manifestations en Iran, plutôt que sur des actions pratiques concrètes, ce qui signalerait un changement de politique.

L'Europe et le Canada ont sanctionné de nombreuses personnes, ce qui est un pas dans la bonne direction, mais cela n'a pas d'impact significatif sur la manière de demander des comptes aux responsables de meurtres de citoyens iraniens et de soutien au terrorisme à l'étranger. Les acteurs occidentaux se sont abstenus de désigner le corps des pasdarans et le ministère iranien du renseignement comme des organisations terroristes. La mise sur liste noire du corps des pasdarans, en particulier à la lumière de son rôle dominant dans l'économie iranienne, peut avoir un impact réel. De plus, le VEVAK prépare activement des opérations terroristes sur le sol occidental.

Le second indicateur d'un changement de politique serait de déclencher le mécanisme de relance et de rétablir les six résolutions du Conseil de sécurité de l'ONU. Selon les accords entre les parties impliquées dans l'accord nucléaire, les membres du Conseil de sécurité de l'ONU ne peuvent pas utiliser leur droit de veto pour empêcher la reprise des sanctions. L'Iran a manifestement violé ses obligations dans le cadre du Plan d'action global conjoint (JCPOA). Le retrait des États-Unis du JCPOA en 2018 ne peut être considéré comme une justification de la violation de l'accord par l'Iran. De plus, en envoyant des drones en Russie pour tuer la population ukrainienne, l'Iran a clairement violé la résolution 2231 du Conseil de sécurité de l'ONU. Par conséquent, l'incapacité de déclencher le mécanisme de relance enverrait un message au régime iranien que l'Occident n'est toujours pas sérieux à propos de l'adoption d'une politique de fermeté à son égard.

Un autre élément encore plus significatif, et qui est le chaînon manquant de la politique occidentale, est la reconnaissance des réalités objectives de la société iranienne et l'écoute de la voix du peuple et de l'opposition. Une fausse hypothèse a été promue par le lobby du régime, qui prétend qu'il n'y a pas de mouvement de résistance ou d'opposition viable en Iran. C'est le produit du lobbying du régime en Occident, de la guerre psychologique et de la vaste campagne de diabolisation que les mollahs ont pu prolonger pendant des années contre l'OMPI et le CNRI sur la base de désignations terroristes passées en Occident.

En adoptant une politique de complaisance, qui consistait à qualifier l'opposition principale de « terroriste », les gouvernements occidentaux ont fourni une plate-forme appropriée au régime et à son lobby pour faire avancer la diabolisation de la Résistance, renforçant ainsi l'affirmation qu'il n'y a pas d'alternative au régime. Comme l'a déclaré le vice-président Mike Pence en juin 2022, l'affirmation selon laquelle il n'y a pas d'alternative est l'un des plus gros mensonges que le régime a vendu au monde.

L'OMPI est un mouvement qui a subi les formes de répression les plus sévères ces 43 dernières années. Des dizaines de milliers de ses membres et partisans ont été exécutés, et il reste à ce jour un nom interdit en Iran. Sur la scène internationale, l'organisation a été mise sur liste noire aux États-Unis et en Europe conformément à la politique de complaisance avec Téhéran.

Cependant, malgré des circonstances extrêmement difficiles, l'OMPI a réussi à surmonter ces obstacles tout en maintenant sa cohésion. Aujourd'hui, partisans et détracteurs s'accordent sur une chose, à savoir que l'OMPI reste la seule force d'opposition organisée et efficace en Iran. L'organisation fait partie intégrante de tout développement majeur en Iran et ne peut simplement pas être ignorée.

Une grande erreur de l'Occident serait de décider de sa politique envers l'opposition sur la base de caprices. Les intérêts à long terme de l'Occident exigent que ses politiques actuelles correspondent aux réalités de l'Iran et non à des souhaits et espoirs politiques. L'incapacité à le faire a défini l'erreur fondamentale commise par l'Occident pendant l'ère du chah. L'Occident a continué à soutenir la dictature monarchique jusqu'à ses derniers soubresauts, malgré la prépondérance des preuves sur les crimes du chah, comme la torture et l'exécution d'opposants, simplement parce qu'un dirigeant dépendant était idéal pour les États-Unis pendant la guerre froide. Mais ce même régime a fourni le terreau nécessaire aux ayatollahs pour s'emparer du pouvoir en supprimant les forces d'opposition et en empêchant la formation d'institutions démocratiques.

Parallèlement au déclenchement et à la poursuite des manifestations de 2022 en Iran, il y a eu un sentiment tangible d'activisme et de défense des droits au sein de la diaspora iranienne. Ceux qui étaient restés silencieux au fil des ans pour diverses raisons, notamment le maintien des liens familiaux, ou la protection d'intérêts financiers et commerciaux, voire pour préserver la possibilité de se rendre en Iran, participent maintenant à des manifestations contre le régime à l'étranger. La plupart d'entre eux n'ont aucun lien politique avec des groupes d'opposition. L'évolution des circonstances politiques du soulèvement déterminera leurs futures affiliations. Certaines personnalités sont entrées plus activement en scène, ce qui peut être positif. Mais les personnalités ou les groupes politiques de la diaspora iranienne ne peuvent être vraiment efficaces que lorsqu'ils sont organisés, et que ce mouvement organisé possède une histoire et des racines en Iran même.

Avant l'invasion de l'Irak et le renversement du gouvernement de l'époque, avec l'aide des États-Unis, divers individus et groupes irakiens avaient été réunis, alors qu'en réalité ces groupements ne croyaient pas en des principes communs pour diriger le pays. Il s'agissait d'une coalition peu structurée créée par les États-Unis et qui ne représentait pas un authentique partenariat irakien.

De nombreux membres de cette coalition étaient affiliés au régime iranien, un fait qui a été prouvé lors des développements au cours des années suivantes. Immédiatement après la chute du gouvernement irakien, cette coalition a fonctionné de manière désastreuse malgré toute l'aide que lui ont offerte les États-Unis et malgré la présence de 180 000 soldats américains dans ce pays.

Par conséquent, ni les États-Unis ni aucun autre pays étranger ne devraient s'impliquer dans la formation d'une coalition pour l'Iran. La formation de ce genre de coalitions politiques doit être une entreprise entièrement iranienne.

Au début des années 2000, et après l'invasion de l'Irak en mars 2003, l'OMPI était basé dans le pays. Le régime iranien, cherchant à détruire le mouvement organisé depuis des décennies, et grâce à une politique de complaisance qui lui avait fourni une occasion en or, a commencé sérieusement à dominer les affaires irakiennes en formant des alliances clés et en recrutant et organisant des mercenaires pour lui obéir.

Les femmes et les hommes de l'OMPI, complètement désarmés et sans défense, ont fait l'objet d'assauts terroristes et militaires sans précédent et effroyables par les mercenaires du régime, au cours desquels des centaines d'entre eux ont été abattus de manière inhumaine et des dizaines d'autres blessés ou mutilés.

Pourtant, l'OMPI a survécu en tant qu'organisation en restant concentré sur sa politique fondamentale de poursuite de la résistance politique contre son principal ennemi à Téhéran. Après avoir enduré des années de douleur et de souffrance en Irak, l'organisation a pu se réinstaller avec succès en Albanie en 2016. Cette étonnante résilience au cours des périodes les plus angoissantes de son histoire témoigne de la persévérance de l'OMPI, grâce au dévouement de ses dirigeants et de ses membres, son trésor d'expérience, sa dextérité organisationnelle et sa maîtrise de la stratégie et des tactiques. De toute évidence, l'organisation n'aurait pas pu tolérer le tsunami des assauts du régime sans bénéficier du soutien du peuple iranien, lui permettant de survivre financièrement, logistiquement, spirituellement et psychologiquement.

L'avenir de l'Iran sera décidé par le peuple iranien lui seul. Le monde doit respecter sa volonté. Il y a des faits indéniables. Le peuple iranien veut renverser la dictature religieuse. Les femmes iraniennes exigent le respect de leurs droits fondamentaux, dont la liberté de choisir leurs vêtements. Elles en sont venues à croire que ces droits ne peuvent être conquis qu'en renversant le régime. Toutes les preuves indiquent que la séparation de la religion et de l'État est une demande omniprésente en Iran. La même atmosphère existe parmi les minorités ethniques et religieuses, dont les droits ne seront acquis que dans un Iran démocratique.

Le peuple iranien a rejeté la monarchie en 1979. La torture et les exécutions par la police secrète du chah, la SAVAK, ne peuvent pas simplement être effacées des livres d'histoire. En 1975, le chah a officiellement annoncé que l'Iran était un système à parti unique et que quiconque n'était pas d'accord avec lui devait soit quitter l'Iran, soit finir en prison. Telles sont les réalités indéniables de l'histoire politique iranienne. Il n'y a aucun signe significatif à l'intérieur de l'Iran indiquant un désir populaire de réhabilitation de l'ancienne dictature. En fait, l'un des slogans criés dans diverses universités et manifestations est le rejet à la fois de la tyrannie religieuse et de la dictature du chah.

Chaque gouvernement occidental, et en particulier Washington, a un devoir moral envers le peuple iranien d'éviter toute politique qui profite directement ou indirectement au régime iranien. Ces gouvernements doivent se tenir aux côtés du peuple iranien et de ses aspirations légitimes en adoptant des mesures spécifiques pour favoriser le respect des droits humains et des normes internationalement reconnues.

À titre d'exemple, le silence et l'inaction face au terrorisme du régime à l'étranger, y compris la tentative d'attentat à la bombe contre le rassemblement du CNRI à Paris en juin 2018, en présence de centaines de dignitaires politiques, dont des sommités des États-Unis, sont à la fois immoraux et une mise en danger de notre sécurité nationale. Le silence face aux menaces d'assassinat crédibles contre des responsables américains et aux complots et préparatifs du régime à cet égard contredit les intérêts nationaux américains.

C'est pourquoi, en plus de l'aspect moral, il est nécessaire que les États-Unis et tout autre pays aient une compréhension correcte de la société iranienne et de ses éléments constitutifs, y compris les forces d'opposition, et fondent leurs politiques sur les réalités concrètes en Iran. Les manifestations d'aujourd'hui en Iran sont enracinées dans une lutte de 43 ans. L'Occident devrait s'aligner sur la vision du peuple iranien et de son opposition organisée.